할아버지의 사랑하는 손주들
지인, 태인, 재익, 재인의
멋진 앞날을 응원한다.

일러두기

본 책에서 인용하는 성서 구절은
『공동번역 성서 개정판(1999년)』에 따랐으며,
저작권은 대한성서공회에 있습니다.

NEOM CITY에서 만난 모세

NEOM CITY에서 만난 모세
사우디의 시나이산을 찾아서

초판 1쇄 발행 2024년 3월 27일

지은이 김병구
펴낸이 장길수
펴낸곳 지식과감성#
출판등록 제2012-000081호

교정 정은솔
디자인 이현
편집 이현
검수 이주희
마케팅 김윤길, 정은혜

주소 서울시 금천구 벚꽃로298 대륭포스트타워6차 1212호
전화 070-4651-3730~4
팩스 070-4325-7006
이메일 ksbookup@naver.com
홈페이지 www.knsbookup.com

ISBN 979-11-392-1722-3(03910)
값 17,000원

- 이 책의 판권은 지은이에게 있습니다.
- 이 책 내용의 전부 또는 일부를 재사용하려면 반드시 지은이의 서면 동의를 받아야 합니다.
- 잘못된 책은 구입하신 곳에서 바꾸어 드립니다.

지식과감성#
홈페이지 바로가기

NEOM CITY 에서 만난 모세

사우디의 시나이산을 찾아서

김병구 지음

홍해 북부 – 모세의 출애굽과 무함마드의 NEOM CITY
(전통적 시나이산과 라오즈산)

목차

프롤로그: 호기심 천국의 일생   10

제1부 책 한 권의 작은 기적
1.1 꿈인가 생시인가?   22
1.2 호기심 마니아의 일생, 사우디까지   34
1.3 신의 축복, 바라카   53
1.4 사우디 Vision 2030과 원자력   60

제2부 왜 모세를 지금?
2.1 모세의 일생   81
2.2 유다교의 모세 이야기   101
2.3 기독교의 모세 이야기   115
2.4 이슬람교의 모세 이야기   124

제3부 사우디의 시나이산, 어디까지가 사실일까?

3.1 라오즈산을 세 번씩이나   136

3.2 첫 번째 라오즈산 도전(2015.4.)   143

3.3 두 번째 라오즈산 도전(2019.12.)   151

3.4 세 번째 라오즈산 등반(2023.3.)   163

제4부 격변하는 중동, 사우디의 네옴시티 사업

4.1 '적의 적'은 친구?   190

4.2 이슬람의 발상지, 사우디아라비아의 변모   194

4.3 사우디의 천지개벽   203

4.4 미디안 땅에 네옴시티Neom City 사업, 무함마드의 한 수?   211

에필로그: 여든의 서재에서   226

참고문헌   234

프롤로그

호기심 천국의 일생

나는 호기심 많은 기술자로 평생을 살았다. 캘리포니아 대학원 시절 노벨 물리학상 수상자이신 Richard Feynman 교수의 특강에서 그분이 멕시코 고대 마야문명의 상형문자를 해독하는 내용을 흥미 있게 들은 기억이 생생하다. 본인 전공과 무관한 분야에서 호기심 차원의 추적 과정이 흥미진진하고 멋지다고 생각했다. 사우디 살면서 모세의 흔적을 접하며 발동한 호기심이 이 책 집필의 직접적인 동기가 되었다.

가난한 나라에 태어나 배 만드는 기술을 배우겠다고 1963년 18살의 나이에 배를 타고 미국 유학길에 오른 것이 내 인생의 전환점이었다. 유학 중 만난 1차 석유파동으로 어렵사리 귀국을 작심하고 원자력 분야에 몸 바치게 된 것도 우라늄 에너지의 무진장함에 끌린 호기심의 결과였다. 대덕연구단지 도룡동에 최초의 단독주택 '하얀집'을 짓고, 원자력연구소에서 30년 동안 일하고 정년퇴직한 후

20년 가까이 유럽과 중동에서 제2의 새로운 세상을 경험하게 되었다.

2013년 이슬람의 종주국이라는 사우디아라비아에 신설된 원자력청의 고문관이란 직책으로 리야드에 가서 5년간 살다가 돌아왔다. 구약시대 모세의 출애굽 무대이던 미디안Midian 땅이 3천 년도 지난 지금 왕세자 무함마드(Muhammad bin Salman, MBS)가 펼치는 첨단 신도시 네옴시티NEOM City 사업의 현장 부지와 일치한다는 사실이 너무나 놀라운 일이었다. 사우디의 원전 도입과 타북Tabuk 지역 서해안에서 펼쳐지는 네옴 사업의 종착역이 어딘지 아직은 초기 단계라지만 우리나라에 '제2의 중동 붐'을 가져올 수 있을지 기대해 본다.

사우디에서 만나게 된 모세와 무함마드를 주제로 호기심 천국의 탐구를 시작하고자 한다. 중동의 부호국 UAE와 요르단에 처녀 수출한 바라카Barakah 원전과 연구로의 성공적 가동과, 사우디의 원전 구상과 네옴시티 사업을 전망해 본다. 사우디 근무 후 다시 대전 '하얀집'으로 돌아와 액티브 시니어로 포스트 코로나 시대를 살아가고 있다. 제1부는 바라카 원전 계약 직후부터 집필하게 된 영문판 *Nuclear Silk Road* 출판과 이어진 아랍어판 덕분에 사우디까지 가게 된 경위를 책 한 권이 만든 하나의 작은 기적으로 짚어 본다. 또한 바라카 원전과 사우디 Vision 2030의 원자력 부분을 소개한다.

3,500년 전의 유다인* 사나이 모세가 왜 나의 관심 대상이 되었을까? 무슬림들의 쿠란 경전에 이슬람의 창시자 무함마드 다음으로 무려 135회나 언급되는 유명한 최초의 예언자가 모세란 사실을 사우디에 살면서 알게 되었다. 구약성서의 『모세5경』은 「창세기」에서부터 출애굽을 다룬 「탈출기」**, 「레위기」, 「민수기」, 「신명기」로 모

---
* 같은 뜻으로 '유태인'이라 쓰기도 함.
** 구약성서의 둘째 장 「탈출기」는 공동번역판, 개신교 성경 판에 「출애굽기」로 표기되어 있다.

세가 집필했다고 알려져 있다. 즉 유다교와 기독교뿐 아니라 이슬람교에서도 모세가 공통분모로 알려진 유일한 예언자로, 이스라엘의 '단군 할아버지' 격으로 아브라함과 함께 모세를 꼽는다.

이 모세의 주 활동 무대가 지금의 사우디 서북부 타북 지방의 홍해변 미디안 지역이란 추정이 관심을 끌고 있다. 지금까지는 사우디의 쇄국 정책으로 쿠란 속의 모세는 잘 알려지지 않았지만 2019년부터 사우디의 개방 정책에 따른 천지개벽 수준의 새로운 변화가 모세를 재조명하는 계기가 되었다. 1967년 '6일 전쟁' 이후 15년간이나 이집트 땅 시나이반도를 공식 통치했던 이스라엘이 이 지역에서 자기 조상의 유적을 전혀 발견치 못했다는 사실도 시사하는 바가 크다. 전통적인 시나이반도 남단의 시나이산이 진짜 위치가 아닐 수 있겠다는 의구심이 날 만하였다. 제2부는 모세의 일생을 돌아보고 그가 유다교, 기독교, 이슬람교에서 어떻게 다루어지는지도 짚어 보았다.

나는 역사학자도, 더욱이 성서학자도 아니다. 다만 호기심 많은 원자력 기술자로 가톨릭 평신도일 뿐이다. 따라서 이 책은 내가 사우디에 살면서 직접 방문하고 느꼈던 미디안 지역과 그중 라오즈Lawz산 일대를 세 번씩이나 답사한 기행문이다. 모세가 하느님으로부터 10계명을 받았다는 '시나이산'(또는 '시내산')의 실제 위치를 놓고도 여러 학설이 분분하다. 그중 구약성서의 「탈출기」가 좀 더 역사적 사실에 가깝다는 가설이 요즘 탄력을 받는 모습이다. 모세의 인도로 이집트에서 민족 대이동을 이루어 낸 이야기가 출애굽 「탈출기」의 내용이다. 그중 홍해를 맨땅으로 건너서 시나이산에 이르러 하느님과 계약의 징표로 안식일과 10계명을 받고 광야에서 40년간 헤맨 이야기가 핵심이다. 이 사건은 구약성서를 통틀어서 가장 의미 있고 중요하여 신약의 예수 십자가 부활 사건과 맞먹는 사건으로 인정받고 있다.

그러나 이 중 어디까지를 하느님의 기적으로, 또는 어디까지를 실제로 일어났던 역사적 사실로 받아들여야 하는가? 사실이라면 이를 증명할 만한 성서고고학적 물증들이 어느 정도 인정을 받고 있는가? 과학자인 나의 호기심은 이 대목에서 절정에 이른다. 모세를 추적하다 보니 신·구약을 꿰뚫는 사건이 나의 신앙심에도 새로운 눈을 뜨게 한다. 모세가 이끈 출애굽 시작의 결정타인 파스카의 신비와 예수 부활의 의미가 나에게 새롭게 다가온다. 시나이산의 진짜 위치가 이집트 땅 시나이반도가 아니고 사우디 땅 미디안 지역이라는 새로운 학설이 신의 한 수처럼 나에게 다가온다. 내가 호기심 차원에서 세 차례에 걸쳐 미디안 땅 라오즈산 현장을 가서 보고 느낀 핵심 내용을 제3부에 수록하였다. 그중에서도 모세가 10계명을 받았다는 시나이산의 진짜 위치가 라오즈 산맥 한 봉우리인 막클라$_{\text{Maqla}}$봉이란 가설에도 어느 정도 믿음이 간다. 결과적으로 라오즈산 일대가 구약성서에 기술된 출애굽 내용과 가장 가깝다는 신규 학설에 이 기행문도 일조를 하는 셈이다.

예언자 무함마드가 7세기에 창시한 이슬람교가 지금은 세계에서 가장 빨리 성장하는 종교로 발전한다. 그중 가장 형님뻘인 사우디

아라비아의 천지개벽, 개방 정책을 소개한다. '적의 적'은 친구라 했던가? 최근 일어나는 사우디와 이란 간의 국교 정상화, 아랍권과 이스라엘의 아브라함 협정Abraham Accord 등 중동 외교 행보가 심상치 않다. 우연의 일치일까? 사우디의 무함마드 왕세자(MBS)가 야심적으로 펼치려는 네옴시티 사업의 위치가 바로 타북 지방의 미디안 지역이다. 2023년 3차 라오즈산 등반 시 내 눈으로 확인한 네옴 사업의 초기 단계인 토목공사 현장을 본 대로, 느낀 대로 수록하였다. 잘만 풀리면 구약성서의 현대판 성지순례도 사우디의 새로운 관광 사업 차원에서 가능하게 된다. 이 지역의 안정과 평화 유지가 전제 조건임은 두말할 나위도 없다. 이 이야기를 제4부에 실었다.

이 책의 원고를 처음 구상 단계부터 꼼꼼히 보살펴 주신 이규만, 이창건, 신숙원, 김승학, 강훈기 제씨께 감사드린다. 이분들의 지원이 없었다면 아마도 이 책의 탄생은 어려웠을 것이다.

제1부

책 한 권의 작은 기적

내가 원자력연구소에서 정년퇴직한 지도 20여 년이 지났다. 그동안 유럽과 중동에서 해외 근무를 모두 마치고 이제는 다시 대전 '언덕 위의 하얀집'으로 돌아와 액티브 시니어$_{\text{active senior}}$로 살고 있다. 해방 직전 서울에서 태어나 학창 시절을 전쟁과 혁명의 소용돌이 속에서 지내면서 용케도 정상 교육을 받았다. 말하자면 '해방둥이' 세대로 어언 팔순의 나이에 접어든 셈이다.

1960년대 초 대학 1학년 때 일찍 미국 유학의 길에 올랐다가, 1차 석유파동으로 원자력과 인연을 맺어 1975년에 귀국하여 2005년 정년퇴직할 때까지 한 우물을 팠다. 1975년은 월남이 월맹으로 넘어가고 남들은 미국 이민을 지향하던 바로 그 시점으로 용감하게 역이민을 한 셈이었다. 돌이켜 보면 내 인생의 전환점에서 좌절과 실망을 삼키기도 하였지만, 1970~1980년대 고도성장을 주도한 한국의 원자력 에너지 정책과 내 인생을 같이했다는 건 시대를 잘 만난 행운아였다.

특히 해외 근무 마지막 5년을 사우디아라비아에 가서 살면서 현지인들도 잘 모르는 오지 여행을 많이 하였다. 이 중 서북부 타북 지방 미디안$_{\text{Midian}}$ 지역의 역사에서 고대 모세의 출애굽 스토리 흔적을 찾아볼 수 있는 기회가 생겼다. 지금까지 알려진 이집트 땅 시나이반도 남쪽 끝에 시나이산이 있다고 믿어 왔던 나에게 작은 충격과 호기심이 발동하였다. 사우디와 나와의 특별한 인연이 구약성서 중의 핵심 인물인 모세의 재발견이라는 엉뚱한 주제로 둔갑한 것이다. 총 46권 구약성서(개신교는 7권 외경 제외하고 39권) 중 최대 사건으로 알려진 모세의 출애굽 탈출 이야기가 사우디의 미디안 지역을 배경으로 펼쳐졌었다니…. 후일 고고학자들에 의해 사실로 판명된다면 나와 사우디의 인연은 흥미로운 주제로 둔갑할 수 있지 않을까?

어린 시절부터 나에게는 '호기심 천국'이란 별명이 따라다녔다. 아톰 따라 구만리 간다고, 나의 기나긴 해외 생활도 결국은 호기심의 연속이었던 셈이다. 이 책을 쓰겠다고 작심한 까닭도 이런 호기심의 원천을 찾아 떠나는 나의 인생 여정에 속한다. 이 책의 전반부에서 모세 찾아 사우디까지 가 보는 여정과 더불어 나 자신 개인의 인생 여정을 정리해 본다.

1.1
꿈인가 생시인가?

<u>2009년 12월 27일</u>

　내가 한국원자력연구소KAERI와 국제원자력기구(IAEA)에서 정년을 준비하고 있을 2009년 연말, 뜻밖의 낭보가 날라 들어왔다. 중동의 석유 부자 나라 아랍토후국(UAE, United Arab Emirates)에서 최초의 원전으로 한국의 APR1400을 선택하고 계약까지 했다는 뉴스였다. 사우디와 인접한 국경지대 황량한 사막 걸프Gulf 동해안 바라카Barakah 지역에 제3세대 최신 설계의 한국형 APR 원전 4기를 건설하는 턴키 계약이었다. 건설 계약고만 무려 200억 불에 달하는 단군 이래 최대 규모의 수출 계약이 이루어진 것이다. 우리 같은 '원자력쟁이'로 평생을 살아온 사람에게는 실로 꿈과 같은 일이 생시에

일어난 것이다.

이 계약으로 온 세계 원자력계가 발칵 뒤집혔다. 어떻게 무명의 한국 기업이 이런 초대형 원전 건설 계약을 따낼 수가 있는가? 도대체 한국 기업들의 기술 수준을 어떻게 믿을 수가 있겠는가? 등등 의구심이 꼬리를 물고 일어났다. 이 시점에서 내가 할 일은 국내 기술의 실상과 잠재력을 해외에 제대로 알리는 일이라 생각했다. 지난 20년간 원자력연구소에서 바로 그 원전의 핵심기술인 원자로 계통 설계 사업 책임자로 일했으니 기술 자립의 뒤안길을 누구보다도 자세히 알고 있던 장본인이었다. 그래서 계약 발표가 있던 다음 날부터 머리 싸매고 책 집필에 매달렸다. 대학 학부부터 미국에서 공부한 영어 실력으로 용기를 내어 영문으로 집필에 나섰다. 해외 원자력 전문 인력을 독자로 가정하였으니 영문 집필이 필수적이었던 것이다. 천만다행으로 나의 '콩글리시'는 Amazon.com 산하의 자비출판 자회사에서 외국인이 작성한 영문 원고를 매끈하게 고쳐주는 서비스를 받을 수 있었다. 결과물로 300페이지 분의 *Nuclear Silk Road* 단행본이 2011년 세상의 빛을 보았다.

영어로 작성했던 덕분에 이 책은 해외에서 읽히기 시작하였고, 중국어판(2012)과 아랍어판(2013)이 각각 출판되어 독자층이 넓어졌다. 아랍어판 덕분에 나의 인생도 새로운 인연을 쌓게 되었다. 사우디 정부에서 새로 출범한 원자력·신재생에너지청(King Abdullah City for Atomic & Renewable Energy, K.A.CARE)의 초청으로 향후 5년간 사우디의 수도 리야드에서 원자력 고문관으로 근무하는 기회가 생긴 것이다. 이날을 기념하여 우리 정부는 매년 12월 27일을 '원자력의 날'*로 정하여 기념하고 있다.

이날의 감격을 가장 잘 나타낸 사진 한 장을 소개한다. 역사적 발표가 있던 바로 그다음 날, 2009년 12월 28일, 유성의 홍인호텔 로비에 5m 초대형 현수막 한 장이 걸렸다. "우리 동네 만세, 연구단지 만세, 대한민국 만세, 몽땅 유성구에서"라는 문구가 보는 이의 마음을 사로잡았다. '원자로 설계, 핵연료'에서부터 '원자력 안전, 핵폐기물'까지 UAE 원전 처녀 수출이라는 우리나라 '원자력 50년의 쾌거'를 이루어 낸 핵심기술이 모두 대덕연구단지에서 이루어진 것을 알리는 내용이었다. 이런 사실에 대한 역사적 발표가 있은 바로 다음 날 이 쾌거를 온 천하에 알리는 순발력은 홍인문화재단의 민경용 회장이었기에 가능한 일이었다.

---

* 공식 명칭은 '원자력 안전 및 진흥의 날'로 과학기술정보통신부, 원자력안전위원회, 산업통상자원부에서 공동 주관한다.

[민경용 회장이 즉시 하루 만에 만들어 낸 초대형 현수막과 홍인문화재단이 초청한 대덕연구단지 기관장, 유관자 축하연. 민 회장(좌측 2번째)과 필자(좌측 6번째)]

[3개 국어로 출판된 책 Nuclear Silk Road: 중국어판(번역판), 영문판(원작), 아랍어판(번역판)]

제1부 책 한 권의 작은 기적

중국어판 *Nuclear Silk Road*, 『核之絲綢路』

영문판 *Nuclear Silk Road*가 미국 Amazon.com에서 2011년에 출판된 지 약 3개월 후 중국 북경의 국책연구소에서 필자에게 연락이 왔다. 영문판을 보았는데 자국의 정책 참고 자료로 쓰고 싶으니 중국어로 번역판을 내고 싶다는 내용이었다. 당시는 지적재산권의 활용에 인색했다고 알고 있던 중국인지라 공식 절차를 거쳐 번역판을 내겠다는 의사에 내심 놀라면서 흔쾌히 승인했던 기억이 난다. 몇 번의 수정 작업을 거쳐 불과 3개월 후에 중국어판 『核之絲綢路』가 부제목 「核電技術的 "韓國化"」를 달고 북경에서 출간되었다. 다만 비매품으로 '內部參考資料'라는 단서 조항과 함께였다. 총 323페이지에 달하는 번역판이 간체자로 표기되어 있어 번역의 정확도를 가늠하기 어려우나 책 서두에 '譯者序'로 번역판을 내게 된 취지를 설명하였다. 결과적으로 필자의 중국어판이 기여한 바가 있다면 중국 원전 표준화 정책일 것이다. 이에 따른 가압경수로형 일변도의 원전 건설이 대규모 원전 건설과 안전성 확보에 기여했을 것이라 추측할 뿐이다.

이 책이 중국에서 출간된 후 중국 측과 필자 간에 일체의 연락이 두절된 상태이다. 따라서 이 중국어판이 누구에게 언제 배포되었고,

어떻게 활용되었는지는 가늠하기 어렵다. 중국의 원전 개발 정책에 참고로 쓰였을 것이라 짐작할 따름이다. 다만 확실한 것은 중국의 원전 노형 전략과 다수기를 표준화하는 결과가 우리나라의 원전 표준화 정책과 일맥상통한다는 점에서 중국의 원전 건설 프로그램을 유심히 살펴볼 여지가 있다.

우리나라에서 1970~1980년대에 정부 방침으로 추진되었던 원전 표준화 사업의 결과로 당시 후속기 건설에는 1,000MWe급 가압경수로(Pressurized Water Reactor, PWR)와 600MWe급 가압중수로(Pressurized Heavy Water Reactor, PHWR) 노형이 채택되었다. 이 결과 국내에 건설된 모든 원전은 월성의 CANDU-600 가압중수로 4기를 제외하고는 나머지 22기의 원전이 모두 가압경수로형이고 향후 건설될 원전도 동일 노형이란 점이다. 여기서 중요한 사실은 국내 모든 원전은(가압중수로 포함) 두께 1m에 달하는 특수 고강도 콘크리트 격납용기로 원자로심이 밀폐된 구조이다. 2011년 발생한 일본의 후쿠시마 원전 사고는 노심 폭발로 최악의 방사선 방출 사고였지만, 국내의 모든 원전은 격납용기 설치로 이런 사고가 원천적으로 불가능하다는 사실이다. 이 점은 원자력안전위원까지 지낸 이병령 박사의 2019년 저서 『한국형 원전, 후쿠시마는 없다』에 명쾌하게 기술되어 있다.

쉽게 말하면 1986년 구소련의 체르노빌 원전이나 2011년 일본의 후쿠시마 원전은 모두 비등식경수로(Boiling Water Reactor, BWR)형으로 격납용기 구조가 축소되어 대형 사고를 예방하지 못한 구조적 결함을 안고 있다. 1979년 최초의 원전 중대 사고로 기록된 미국의 TMI(가압경수로) 사고가 사람이 죽기는커녕 부상자도 없었고 환경파괴가 전혀 없었던 사실도 바로 이 격납용기 덕이었다. 미국 상업 원자력 역사상 가장 심각한 사고였지만 가압경수로 격납용기 구조로 외부 환경에는 전혀 피해가 없었다. 가압경수로형은 지구상에서 지난 70여 년간 단 한 명의 인명 피해도 없었던 노형으로 현재 300여 기가 30여 개국에서 가동 중이다.

중국의 노형 표준화 작업과 원전 건설 계획을 보면 Qinshan 원전의 CANDU-600 가압중수로 2기를 제외하면 현재 가동 중이거나 건설 중인 원전 총 75기가 모두 가압경수로형이다. 2023년 현재 지구상에서 가동 중인 원전은 총 423기이며, 이 중 가장 많은 원전을 건설 중인 나라가 중국이니 앞으로 100여 기를 가동 중인 미국을 추월할 날도 머지않을 것이다. 중국에서 거대한 인구의 생활수준 향상 및 전기자동차의 대규모 도입이 예상된다. 이로 인해 천문학적으로 늘어나는 전력 수요와 지구 온난화 대안으로 중국 정부가 강력하게 원전 건설을 추진하고 있다. 국제사회가 규정한 탈탄소 대책으로 중국은 석탄발전소를 대체하는 대규모 발전 설비로 원자력 발전의 도입을 가장 큰 규모로 추진 중이다. 중국 정부도 이에 적극 참여하여 향후 원전 건설이 활발할 전망이다.

중국 가동, 건설 중인 원전(2023)

중국 원자로형 명칭은 CPR, ACPR, AP1000, M310 등 다양하나, 한 가지 공통된 점은 모두 미국 PWR 개념으로 두께 1m 초강도 철근 콘크리트의 격납용기를 채택하고 있다는 사실이다. 2023년 현재 가동 중인 원전이 총 55기로 설비 용량만 53GWe* 출력이나 중국 전체 전력 수요에 불과 10% 미만의 생산 설비이다.

---

* Gigawatt 전기출력의 단위, 100만 kWe

중국 원전 지도

한반도 인근 해안가에 밀집한 중국 원전
●가동 중 ○건설 중

❶ 양장 원전	1~4호기	●	
	5~6호기	○	
❷ 톈완 원전	1~2호기	●	
	3~6호기	○	
❸ 타이산 원전	1~2호기	●	
❹ 스다오완 원전	1호기	○	
❺ 싼먼 원전	1~2호기	●	
❻ 친산 원전	1원전 1호기	●	
	2원전 1~4호기	●	
	3원전 1~2호기	●	
❼ 닝더 원전	1~4호기	●	
❽ 링아오 원전	1~4호기	●	
❾ 훙옌허 원전	1~4호기	●	
	5~6호기	○	
❿ 하이양 원전	1~2호기	●	
⓫ 푸칭 원전	1~3호기	●	
	4~6호기	○	
⓬ 팡자산 원전	1~2호기	●	
⓭ 팡청강 원전	1~2호기	●	
	3~4호기	○	
⓮ 다야만 원전	1~2호기	●	
⓯ 창장 원전	1~2호기	●	

❶ 영광
❷/❸ 울진
❹/❺ 고리
❻/❼ 월성

[*Finance Today*, 2023.5.22. 자료 참고]

    위의 지도에 나타난 바와 같이 중국의 가동 중인 원전은 모두 중국의 동해안 해변가에 위치하고 있다. 이는 우리나라의 원전 부지가 서해안 영광의 한빛원전 6기를 제외하면 모두 동해안 고리, 월성, 울진에 위치한 것과 유사한 개념이다. 혹자는 중국 공산당 일변도의 원전 건설 추진으로 다수의 원전 부지가 한반도를 향하는 중국 동해안에 밀집된 사실을 우려한다. 후쿠시마 같은 사고가 중국 원전에서 발생한다면 그 방사성 낙진이 한반도 쪽으로 오지 않겠느냐는 것이다. 다행히 중국 원전에서 불의의 사고가 발생하더라도 한반도보다 훨씬 남쪽이고, 중국 원전의 노형이 모두 가압경수로(2기의 가압중수로 제외)로, 방사능 누출의 소스인 원자로심이 100% 격납용기 안에 밀폐된 노형이라 주변 환경의 오염에는 원천적으로 차단된 구조이다.

현재 중국에서 건설 중인 원전이 모두 가동하더라도 중국 대륙 소요 전력의 10%도 감당하기 어렵다. 그만큼 중국 전체의 발전 소요량이 천문학적인데, 석탄을 태우는 화력 발전이 주력으로 지구 온난화와 미세먼지 발생의 주범이다. 중국의 원자력 발전이 증가하는 만큼 중국 내 화력 발전을 대체할 터이니 우리나라 환경 개선, 특히 미세먼지 발생에 도움이 된다.

아랍어판 Nuclear Silk Road, طريق الحرير النووي

필자가 UAE 아부다비의 Khalifa University에 신설된 원자력 공학과에서 교수직으로 있던 2011년 말경 이 나라의 국립에미리

트전략연구소(Emirates Center for Strategic Studies and Research, ECSSR)에서 연락이 왔다. 내 영문 책을 아랍어로 번역하도록 허락해 달라는 요구였다. 본래 이 기관은 세계 각국에서 출판되는 각종 서적들을 선별하여 아랍어로 번역하고 이를 범아랍권에 보급하는 'Think Tank' 역할을 하는 국가 연구소이다. 이 기관은 또한 매년 Energy Symposium을 아부다비에서 개최하며 전년에는 "Nuclear Energy in the Middle East"라는 주제로 심포지엄을 개최한 바 있었다. 나는 주저 없이 지적재산권 보상과 더불어 번역 출판을 허락하였다. 이로부터 근 1년 6개월이 지난 2013년 중순경 아랍어 번역판이 정식 출간되었다. 이때 이미 바라카 원전 공사가 한창 시작되던 단계여서 한국전력을 위시한 한국 기술진의 UAE 출장이 빈번해지던 시점이었다.

아랍어 번역판은 원본 영문판이 페이퍼백*인 데 반해 344쪽에 달하는 양장본으로 출판되어 사우디아라비아, 카타르 등 걸프 연맹국(Gulf Cooperation Council, GCC)들과 원자력에 관심 있는 범아랍권 국가들에도 배포되었다. 가장 먼저 이 책에 관심을 보인 나라는 바로 인접국 사우디아라비아였다. 필자의 UAE 임무가 끝나 갈 2013년 무렵, 리야드의 신설 국립 원자력청(King Abdullah City for

---

* 표지를 한 장의 종이로 제작한 저렴하고 간편한 책(신서판, 문고본 등)

Atomic & Renewable Energy, K.A.CARE)에서 방문을 요청하는 연락이 왔다. 안 그래도 제2의 실크로드 대상국으로 사우디를 염두에 두었던 터라 아부다비에서 두 시간 정도 비행기 거리의 리야드에 첫발을 내딛게 되었다.

돌이켜 보면 2011년 *Nuclear Silk Road*를 영문으로 출판했던 덕에 사우디까지 진출할 수 있는 길이 열린 셈이다. K.A.CARE의 원자력 자문관이란 직함이 나에게 주어졌다. 이 한 권의 책이 만들어 낸 작은 기적이었다. 이때까지 사우디와 우리나라는 이 나라의 인프라 공사와 관련된 공사 계약상 진출이 전부이던 시절이라 국가기관의 자문역으로 나가는 일은 매우 드물었다. K.A.CARE란 기관은 선왕인 압둘라Abdullah 국왕 시절 2010년 국왕 직속으로 신설된 조직이다. 지금은 에너지부 산하 Think Tank로 원자력과 신재생에너지의 본격적인 도입을 준비하는 기관이다. 1950년대 우리나라의 원자력청과 유사한 기관으로 향후 원전 산업의 본격적인 도입에 대비하는 기관이다.

1.2
호기심 마니아의 일생, 사우디까지

한글 전용 출판과 연하 편지

나는 해방 직전 서울에서 태어나 초등학교 1학년 들어가던 해 6.25 사변이 터졌다. 국가 초비상 사태 중 우여곡절로 부산 피난살이에서 초등 3학년까지 마치고 다시 서울로 돌아왔다. 우리 나이 또래는 일제 강점기와 6.25 공산당 시절을 제대로 기억하지 못한다. 4.19, 5.16 혁명 시절도 중학생 시절이라 학교를 박차고 거리로 나서기에는 아직 어린 나이였다. 덕분에 중, 고등학교까지 교육은 제대로 받은 셈이다. 당시는 먹고살기도 힘든 가난한 나라였기에 무조건 공대에 가서 '공돌이'로 사는 것이 유일한 선택이었다. 만일 부유한 나라에 태어났더라면 내 취향대로 역사와 문학을 전공으로 택하지 않았을까 하는 생각도 해 본다.

　1960년 4.19 혁명이 몰아칠 즈음 서울고등학교 문예신문반에서 기자로 뽑힌 것이 나의 평생 버릇이 된 글쓰기의 시발점이 되었다. 학교 신문과 잡지를 만드는 일로 기사를 쓰고 편집한다고 밤샘하던 기억이 난다. 통행금지(통금)가 일상이던 시절이라 밤늦으면 집에 못 가고 출판소에서 새우잠 자기 일쑤였다. 국내 모든 언론매체가 한자 겸용과 세로쓰기를 고집하던 때에, 용감하게도 가로쓰기와 한글 전용으로 고등학교 교지를 발간하였다. 지나고 보니 1961년 고등학교 2학년 때 발간한 격월간 '경희신문'과 연간 '경희교지'는 우리나라 공공기관지로 가로쓰기, 띄어쓰기, 한글 전용 출판물의 시발점이 아니었나 싶다. 나름대로 한글의 현대화에 기여를 한 셈이다.

　본래 세종대왕이 발명하신 훈민정음은 한자 문화권에서 출발한 획기적인 표음문자였다. 근 4백 년 빛을 못 보다가 19세기 말 서양 선교사들에 의해 한글의 띄어쓰기와 문장부호들이 소개되면서 한글의 재발견이 이루어진다. 한글이 얼마나 과학적이고 현대 컴퓨터에 친화적인지는 세월이 갈수록 더 느껴진다. 오늘날까지도 일본과 중국의 거의 모든 출판물은 세로쓰기, 붙여쓰기에 문장부호도 배제한 어려운 글 문자를 고집하고 있다. 나는 그 당시 문학적인 글보다는 신문기자의 콩트 기사를 쓰는 데 더 재미를 붙였었다. 이때부터 글쓰기에 재미를 붙여 매년 연말이면 50년 가까이 국·영문 연하 편지를 국내외 친지들께 보내 드린다. 중·고등학교 학창 시절 이과반이면서도 뛰어난 미술, 음악, 국어 선생님들 덕에 예술과 문학 분야에도 눈을 뜨게 되었다.

배 타고 미국 유학

당시 정식으로 유학 가기에는 어린 나이인 18세에 서울공대에는 휴학계를 내고 미국 유학길에 올랐다. 배 만드는 기술자가 되겠다는 꿈을 가지고 조선과에 입학했던 터이라 미국 가는 편도 비행기보다는 배편으로 가고 싶다는 생각이 간절하였다. 마침 부산항에 원조 물자를 내려놓고 빈 배로 미국으로 돌아가는 화물선에 알선되어 1963년 여름 부산항 중앙부두에서 가족들과 이별의 순간을 맞게 되었다.

당시 미국 가는 항공편은 일본과 하와이에서 갈아타고 2~3일 걸려 캘리포니아에 도착하는 일정이었지만, 조선을 전공할 사람으로 대형 화물선을 타고 미국까지 항해하는 일은 돈으로는 살 수 없는 귀한 체험이었다. 망망대해 태평양을 건너 샌프란시스코 항에 도착한 것은 만 17일이 지난 후였다. 내 딴에는 배의 구석구석을 둘러보고 대형 화물선의 구조와 운전을 어깨너머로 볼 수 있는 진귀한 시간이었다. 이때는 미지의 세계 미국으로 유학 간다는 두려움이나 기대보다는 당시 국내에서 보기 드문 수십만 톤급 대형 선박을 장시간 타고 간다는 사실에 더 흥분되었던 듯하다. 큰 배에 대한 호기심의 발동으로 집과 가족을 떠나 만리타향으로 간다는 외로움이나 두려움은 나에겐 별로 문제가 되지 않았다.

그러나 당시 나는 미국 내 대학의 정보에 어두웠다. 미국의 조선 산업은 기대와는 달리 2차 세계대전 후 이미 사양 산업으로 간주되어 대학에서도 명맥이 끊어지는 시대였다. 그 때문에 조선과 전공은 어렵게 되었고 대신 기계과로 전과하여 대학원까지 마치게 됐다. 반대로 우리나라는 60년대 이후 세계 제1의 조선 대국으로 성장했다. 이 엄청난 시대를 맞아 한국은 구미 각 조선 대국들을 따라잡는 노동집약적 기술력으로 세계 시장을 석권하게 되었다. 이의 주역들로 나와 함께 입학했던 63학번 조선·금속과 친구들이 국내 조선업계, 철강업계의 기둥으로 성장하게 되었다. 특이한 사실은 불과 1학년 한 학기밖에 함께 못 한 서울공대 조선과 친구들이 지금도 나를 '63회'의 정멤버로 대우해 주니 고마울 따름이다.

유학생 = 고학생

아마도 한국 최초로 서양 교육을 접한 해외 유학생은 구한말 1836년 마카오로 신학 공부를 하러 떠나간 김대건, 최양업, 최방제 3인의 10대 소년이 아닐까 싶다. 이 중 김대건과 최양업 두 분만 신학교를 졸업하여 사제 서품을 받고 귀국하였다. 19세기 말에 이르러 서재필, 이승만 등이 미국 유학의 효시를 이루었다. 일제 강점기에는 극소수가 일본 유학을 갔고, 미국 등 서양 학문에 접하는 유학은 거의 전무한 상태였다. 해방 이후 소수의 독지가들이 자비로 미국 유학길로 들어갔었다. 미국 유학의 선구자였던 이승만 대통령 재임 시절 1950년대 원자력공학 분야에서 국비 장학생으로 미국과 영국에 소수 정예부대를 유학 보낸 적이 있었다. 그러나 외화 빈곤으로 지속적인 학비 조달은 여의치 않았고 졸업 후 전공을 살려 귀국하기란 더더욱 어려운 형편이었다.

나의 경우도 1963년 첫 미국 유학길에 올랐으니 대한민국 초기의 유학생 틈에 끼인 셈이다. 당시 외화 보유고가 얼마나 빈약했던지 정부가 공식으로 허락한 환전 금액은 고작 1인당 100불이었다. 요즘은 보기 힘든 '암달러상'을 통해 꾸려 주신 유학 초기 자금으로 정확히 1,000불이 내가 한국에서 받은 학자금의 전부였다. 이 돈으로 학부 1학년 첫 학기 등록금과 기숙사 비용으로 800불 정도 지불했던 기억이 난다. 그나마도 이것이 처음이자 마지막으로 한국에서 받은 경제적 도움의 전부였다.

학부 1학년으로 등록했으니 장학금은 기대도 하기 어려웠다. 첫 학기 A 학점을 몇 개 받으니 다음 학기부터는 장학금으로 학비 면제의 혜택을 받게 되었다. 그래도 기숙사비 등 생활비는 따로 벌어야 했었는데, 돌이켜 보면 때와 장소를 참 잘 만난 덕을 보았다. 당시에는 외국인 학생비자를 받은 자는 정식으로 취업은 안 되었지만, 예외로 학교 내의 도서관 잡일, 구내식당 주방의 설거지 일, 기숙사 청소 업무 등은 허락되었다. 내가 한국에 있었더라면 군대 가서 보초 서고, 기합 받고 얼마나 힘들었겠나 싶어 고학생 시절 아르바이트로 힘든 일을 하면서도 혼자 위안을 삼았다.

캠퍼스 내에서는 외국 학생 신분으로도 아르바이트하여 생활비 충당이 가능했다. 돌이켜 보면 그만큼 당시 미국 사회는 인심이 후한 편이었다. 특히 한국 같은 불쌍한 나라의 학생으로 조금만 공부를 열심히 하면 파트타임으로 일할 기회는 얼마든지 있었다. 강의실 가고 숙제하던 시간을 제외하면 주말이나 휴가 기간 중에 아르바이트를 해서 생활비와 용돈을 벌기가 쉬웠던 시절이었다. 남들은 파티하고 노는 시간에 거의 전적으로 일하며 공부하는 데 익숙해져 있었다. 1960년대 미국의 한국 유학생들은 거의 예외 없이 모두 고학생으로 자기 학비와 생활비를 벌어서 충당하던 시절이었다. 가난한 나라에서 유학 온 죄로 학부 시절의 낭만은 꿈도 꾸기 어려웠고 고학생으로 자처함이 오히려 당연하고 자랑스러울 정도였다.

마지막 박사 학위 과정이었던 1970년에는 아내와 평생 반려자로 파사디나 학교 촌 성당에서 혼배미사를 올렸다. 학위 졸업 후 첫 직장은 미우주항공국NASA 소속의 제트추진연구소Jet Propulsion Lab였다. 신혼살림에 든든한 직장까지 마련하였으니 유학생=고학생의 딱지를 떼고 미국 생활의 재미를 만끽하기 시작하였다. 이때 제1차 석유파동이 1973년에 발생했다. 사우디의 파이잘 국왕이 이스라엘과 아랍국 간의 중동전쟁 결과로 석유 수출을 전략적으로 중단했던 사건이었다. 이 결과 석윳값이 천정부지로 뛰고 대체 에너지 확보를 위해 원자력 발전이 각광받게 되었다. 우리나라도 그 여파로 석유 위주의 에너지 정책을 원전 위주로 바꾸면서 고리 1호기 등 원전 건설에 총력을 기울이게 되었다. 이승만 대통령 때부터 세웠던 태능의 원자력연구소도 원전 기술 자립의 중책을 맡게 된 것이었다.

나도 이때 원전 기술이 중요한 에너지 정책의 실천 방안이라 생각해 우리나라에 필요한 해외 유치 과학자로 귀국을 결심하게 된 다. 12년간의 미국 유학과 첫 직장을 뒤로하고 아들 둘을 키우던 신혼살림의 뿌리를 캘리포니아에서 서울로 옮기는 결정은 결코 쉽지 않은 일이었다. 더구나 양가의 직계 가족들이 모두 미국에 계신데 장남, 장녀의 신혼부부가 한국으로 역이민 오게 되었으니 유별난 경우였음에는 틀림이 없다.

언덕 위의 하얀집

'대덕대로 635', 이것이 우리가 40년째 살고 있는 대전 집의 도로명 주소이다. 전 국민의 절대다수가 고층 아파트를 선호하는 상황에서 단층집 단독주택은 점차 희귀해지고 있다. 그래도 나의 원자력 인생과 대덕연구단지 내 '언덕 위의 하얀집'과는 뗄 수 없는 인연이 있다.

1970년대 말 대덕연구단지 초창기에 연구원의 주택단지로 대전시 도룡동 일대에 택지개발이 이루어졌다. 당시만 해도 서울에 밀집된 연구소들의 대덕 이전이란 실천하기 어려운 상황이었다. 모두들 '대전'이라면 '귀양' 가는 줄로 여겨 남자들만 주중에 대전 연구소에 근무하고 주말이면 열심히 서울로 가던 시절이었다.

　서울 태릉에 자리 잡았던 원자력연구소도 대덕 이전의 첫 대상 기관으로 선정되어 대덕단지 내에 연구소가 신축 중이었다. 당시 나는 공기 나쁘고 비좁은 서울보다는 그나마 녹지대가 널려 있고 아이들 키우기도 좋아 보이는 대전으로의 이전에 큰 관심이 있었다. 마침 1980년에는 인근에 대청댐이 완공되어 엄청난 규모의 인공 호수가 생기는 참이었다. 연구소 실장으로서 당시 우리 직원 전체에게 '대청댐에서 요트를 타는 풍요로운 미래'를 보고 대전으로 내려가자며 온 직원 식구들의 이전을 독려하였다. 내 말에 설득력이 있었던지 1980년대 초 우리 연구실 전원이 대덕으로 이전하는 선두 주자로 참여해 주었다. (후일 대청댐은 '청남대'와 '상수도원' 지정되어 요트 타는 꿈은 접어야만 했지만, 대신 무주리조트가 생겨 스키 타는 즐거움을 맛보았다.)

　돌이켜 보면 1980년대의 대덕연구단지는 나의 꿈을 키우기에 적합한 보금자리를 제공해 주었다. 우리나라가 초고속 성장기에 있었고 그 와중에 원자력 발전도 큰 몫을 하게 되었으며 대덕단지를 중심으로 KAIST, 충남대 같은 종합대학도 둥지를 틀었다. 원자력 관련 기관들도 속속 입주하게 되어 명실공히 우리나라 기술개발의 산실, 특히 원자력 기술의 메카로 자리매김을 하게 되었다. 원자력연구소와 한전 산하의 원자력 관련 기관들이 속속 자리 잡게 되면서 연구, 핵연료, 안전 규제, 원전 설계 등 발전소를 제외한 모든 기술지원 기관들이 들어서게 된 것이다. 그중에도 중심 역할인 원전 사업과 연계된 원자로 계통 설계 기능도 원자력연구소가 맡게 되어 핵심기술의 국산화에 일조를 하였다.

당시 연구소를 이끌었던 한필순 소장의 지론은 연구원의 숙소, 집은 직장에서 10분 거리에 있어야 한다는 것이었다. '월화수목금금금' 근무가 상식으로 통하던 시절의 이야기이다. 그분의 독려로 연구단지 중심 부위의 택지에 자기 집을 마련하자는 움직임이 강하게 일어났다. 나도 제일 먼저 택지 분양에 참여하여 '언덕 위의 하얀집'을 마련하는 계기가 되었다. 물론 연구소에서 10분 거리. 연구단지 최초의 단독주택으로 입주한 것이 1982년 10월이었다. 당시 모든 기관장들은 서울에 살면서 주중에만 대덕에 내려와 근무하였는데, 한 소장만이 예외로 대전에 가족과 함께 사셨다. 기관장이 솔선수범하니 밑의 간부들과 직원들도 자연스레 따르게 되었다.

도룡동 주택단지 내에 최초로 단독주택을 짓고 입주하니 모든 게 생소함의 연속이었다. 인생에 한 번은 자기 집을 직접 설계하고 지어 본다는 것이 의미 있겠다 싶어 나름대로 내가 살던 캘리포니아식의 아담한 단층 단독주택이 도룡동에 태어나게 되었다. 여기서 두 아들 다 초등학교부터 대학까지 다녔으니 아이들에게는 '고향'을 확실하게 심어 준 셈이었다. 우리 집 가훈인 "뿌리와 날개"를 실현한 셈이다. 40여 년이 지난 지금 이곳 도룡동은 대전 지역에서 연구단지와 더불어 바람직한 주택단지로 손꼽히게 되었다. 대덕단지 내에 최초의 주택 소유자가 되기에는 나름대로 어려운 결정을 해야만 했다. 돌이켜 보니 이것도 나에게 주어진 태생적인 '호기심'의 발로가 아니었나 생각해 본다. 연구단지 내에서 최초 주택으로 '개척자'의 역할을 떠맡은 격이었으니 말이다. 여기에 더해서 하얀집 바로 옆 대지에 대덕 벤처회사에 근무하는 큰아들네가 2019년 새 집을 짓고 이사를 왔다. 단독주택으로 아들네와 옆집에 살게 된 것도 귀한 인연이 아닐 수 없다.

[1982년 '언덕 위의 하얀집', 연구단지 도룡동 최초의 단독주택]

[2023년 40년 후 '하얀집' 주변의 도룡동 전경, 상부의 주거 전용 단독주택과 하부의 고층 아파트 지역]

* 출처: 박준택 드론 촬영

'하얀집' 이웃과 도룡동 성당

'하얀집'을 짓고 도룡동의 첫 주민이 되던 1982년부터 2~3년 이내에 주위 공터에 새 이웃들이 들어서면서 아담한 동네가 이루어졌다. 연구단지 식구들이라 교육 수준도 높아 초등학교, 중·고등학교도 대전 지역에서 손꼽히는 학군으로 인정받게 되었다. 이제는 연구소 직원들이 주가 된 거주 마을이 형성된 것이다. 마을 축제도 열려 동네 식구들이 노래와 춤, 연극도 하며 새로운 생활권에 생기가 넘쳐 났다.

동네 한복판에 대전교구에서 잡아 놓은 500평 정도의 교회 부지가 있었다. 천주교 신자는 40여 가구에 불과하였으나 앞으로 발전 전망으로 보아 1986년 새로운 본당의 설립이 공식 발표되었다. 천주교 신자의 한 사람으로 유성 본당에서 공소 노릇 하는 시절도 끝나고 새 본당에 대한 기대와 희망으로 부풀었다. 비록 주머니 사정은 연구원 월급쟁이 수준이었으나 외국에서 보고 들은 바가 많아 새 성전에 대한 건축 기대는 대단하였다.

우선 도룡동에 어울리는 참신한 설계를 목표로 설계 공모를 실시하였다. 서울에서 두 곳, 부산에서 제출한 한 곳의 설계 작품을 심사한 결과 부산 작품으로 선정되었다. 500석 규모의 지하 대성전에 부채꼴 모양으로, 옥상은 아이들 놀이터 운동장으로 설계되었다. 공사비 부족으로 설계만 마치고 10년간 4단계로 나누어 부분적 시공을 하게 되었다. 결과적으로 본당이 축성되던 1996년에는 모든 빚도 갚고 건전한 재무 상태로 새 본당이 문을 열었다. 그러나 예상했던 대로 부분 시공사 간의 이음새 부분에서 누수 문제 등이 생겨 훗날 숙제로 남아 있다.

천주교 도룡동 성당은 대전교구 140여 본당 중에 내실 있는 본당으로 발전하였다. 지역 주민의 특성과 성직자들의 합심으로 '명품 본당'으로 자리매김할 날도 머지않았으리라…. 1993년 대전 엑스포가 인근에서 열린 계기로 대전시는 세계인의 도시로 각광을 받게 되었고, 덕분에 연구단지와 도룡동도 큰 도시계획의 밑그림 안에서 발전하였다. 이제는 50여 개의 공공, 사립 연구소 이외에도 파생되어 나온 중소기업형 벤처들이 속속 들어서서 대전 경제를 이끌고 있다. 수도권 인구 분산 정책으로 추진된 세종시 건설도 10여 년이 지나 과학기술부, 산업자원부, 기획재정부 등 관련 정부 부처들이 인근 세종에 자리 잡게 되어 연구단지와 같은 생활권을 이루게 되었다. 제2의 행정수도를 꿈꾸는 '세종특별자치시'는 연구단지에서 불과 20km의 거리로 하나의 도시권을 형성하게 된다. 2021년에는 구 엑스포 부지 위에 국내 최대 유통업체인 신세계백화점과 5성급 호텔이 입주하여 대전의 새로운 랜드마크로 명성을 날리게 되었다.

[도룡동 성당 종탑과 좌측의 인접한 신세계백화점과 43층 5성급 오노마호텔, 대전의 새로운 랜드마크]

대천 선교사 수양관 TBA

대전에서 서쪽으로 100km 정도 가면 서해안에서 유명한 대천해수욕장이 나온다. 이곳에는 일직선으로 4km에 달하는 백사장의 남단 끝에 대천수양관이 있다. 본래 명칭은 '선교사 수양관'(영문으로 Taechon Beach Association, TBA)으로 알려져 있으며, 나와 우리 가족이 한국에 영주하게 된 특이한 인연을 제공한 곳이기도 하다.

1975년 우리 가족이 처음 미국에서 귀국하여 서울연구소가 제공한 사택에 살 무렵, 첫 여름휴가로 TBA에 내려와 1주간 지낸 것을 시작으로 반세기에 가까운 인연이 되었다. 매년 여름 휴가철이면, 해외에 나가 살던 때를 제외하면, 우리 가족은 이곳에서 방을 빌려 1~2주씩 지내곤 하였다. 햇수로는 48년째가 되는 셈이다. 서울에 살던 1970년대는 교통도 '장항선' 완행열차뿐이라 대천수양관까지 오는 데 하루 종일 걸렸었다. 후일 대전에 내려와 '하얀집'을 지은 후에도 대전에서 대천까지는 먼 길이었다. 충청의 알프스라는 칠갑산 정상 꼬부랑길을 넘어오는 데 5시간이 족히 걸렸다.

모든 어려움을 무릅쓰고 대천까지 달려갔던 이유는 서울이나 대전에서 맛볼 수 없는 대자연의 신비가 있었기 때문이다. 툭 터진 바다와 백사장, 그리고 자연 그대로 소박하게 꾸려진 수양관의 캐빈들과 그 안에 사는 사람들 덕분이었다. 처음에는 푸른 들과 산, 바다에서 풍기는 녹색, 청색 자연에 매료되어 서울 같은 대도시의 콘크리트 정글에서 탈출하는 맛에 내려왔었다. 차차 이곳에 내려오면서 이런 자연을 잘 보존하고 이용하는 서양 선교사분들을 알게 되고 가까워지면서 수양관은 우리의 여름집이 되었다.

우리나라 기독교의 전래는 세계 기독교사에서 경이로운 예외에 속한다. 18세기 말 조선의 재야권 선비들이 자발적으로 외래 종교인 천주교를 학문 차원에서 서학西學으로 받아들였다. 외국 선교사들의 포교가 아닌 현 주민들의 노력으로 초기 교회가 모습을 드러내는 사례는 한국이 유일하다. 구한말 쇄국 정책과 맞물려 네 차례에 걸친 참혹한 천주교 박해 시대를 거쳐 신앙의 씨가 뿌려지기 시작한다. 그 후 한 세기가 지난 19세기 말부터 본격적인 기독교(개신교) 선교사들의 조선 진출로 개화기를 맞게 된다. 주로 미국의 장로·감리교회에서 파견되어 배재학당을 세운 아펜젤러Appenzeller나 연세대와 세브란스 병원을 세운 언더우드Underwood 등이 대표적인 선교사 집안이다.

구한말 비참했던 국내의 교육기관이나 의료병원 설립이 개신교가 이 땅에서 뻗어 나간 시발점이 되었다. 이들의 후손들이 1948년 한국 정부의 특별한 배려로 대천해수욕장에 TBA 비영리 법인을 세운다. 10만여 평 백사장 끝 노른자위 동산을 차지하게 되었다. 해방 직후 이들 미국과 캐나다 선교사들은 전국에 흩어져 선교 사업을 하면서 1년에 한 번 여름 석 달간 이곳에 모였다. 온 가족이 함께 기도하며 몸과 마음을 수련했던 곳이 바로 이곳 대천수양관 TBA의 시작이었다. 지금은 초창기의 외국 선교사는 모두 은퇴, 귀국하였고 그 3~4대 후손들 몇몇이 TBA의 명맥을 이어 오고 있다.

참으로 우연한 기회에 선교 사업과는 인연이 먼 우리 식구가 TBA를 알게 되어 해를 거듭하면서 우리도 전용 캐빈 74호를 마련하게 되었다. 74호는 언덕 위에 있어 사면으로 내려다보는 서해의 바다 풍경과 소나무 사이의 바닷바람이 조화를 잘 이룬다. 시인 친구의 배려로 이 별장의 옥호를 '솔바람집'으로 작명했다. 솔향기와 바람이 마주하는 곳이란 의미를 지닌다. 돌이켜 보니 우리 집 식구들에게 한국에서 살아갈 수 있었던 저력을 키워 준 곳이 바로 이곳 TBA '솔바람집'이다. 미국에서부터 잘 알던 지인 한 분이 지난 추석 연휴를 솔바람집에서 함께 지내고 올린 수필 하나를 소개한다.

"별장이라고 부르기엔 그지없이 소박한 '솔바람'이지만, 그 이름이 담고 있는 주변 환경과 인심만은 그 어떤 호화 별장이 부럽지 않다. 앞마당 아래로는 막막하게 넓은 바다가 눈길을 잡고, 뒤뜰에는 울창하게 늘어져 있는 소나무가 가슴을 적신다…. 대천수양관의 자연 못지않게 나를 감동시키는 것은 이곳에 사는 사람들 삶의 모습이다. 단지 안의 이곳저곳을 거니노라면 서양 사람들의 삶과 문화가 저절로 눈에 들어온다. 자기만의 독특한 개성을 살리면서 소박하고 자연 친화적인 삶, '지금과 이곳(here and now)'을 중시하는 삶의 철학이 엿보인다. 우리의 획일적인 문화, 남을 의식하는 문화와는 다른 면이 많이 보인다…."

여기서 우리의 '솔바람집'을 소개하는 이유는 지난 반세기를 이 땅에서 버텨 온 우리들의 삶을 돌아보며 한국에서 영주하게 된 원동력이 바로 이곳 대천수양관이었던 사실을 뒤늦게나마 깨달았기 때문이다.

[대천수양관 TBA 74호 솔바람집과 안주인. 6월이면 만발하는 수국이 장관이다.]

1.3
신의 축복, 바라카

 윤석열 대통령의 아랍에미리트(UAE) 방문으로 유명해진 걸프 해안 아랍권 최초의 대형 원자력발전소 바라카 원전을 우리는 '기적의 원전', '사막의 기적'이라 부른다. 한 번도 원전 수출을 해 본 적이 없는 한국이 세계 최강 원전 기술을 자랑하는 프랑스를 제치고 UAE 원전 수주에 성공했기 때문이다.

 그러나 그보다 더 중요한 것은 사막의 모래 폭풍과 50도가 넘는 열사의 현장에서 최고 수준의 정교한 기술이 요구되는 원전 건설을 온전히 완성했다는 사실이다. 지난 14년 동안 한국 측은 약속한 기일과 예산 범위 내에서 원전 건설을 추진해 왔다. 외부 환경에 민감하고 고도의 안정성이 요구되어 툭하면 늦어지기 일쑤인 원전 준공

일을 다른 나라와는 다르게 우리나라는 지켜 낸 것이다.

 이에 UAE 모하메드 대통령이 "어떤 상황에서도 약속을 지키는 대한민국"이라 치켜세웠고 "바라카 원전을 통해 쌓은 양국의 신뢰"라 언급한 것은 이런 배경이 있기 때문이다. 한국은 폴란드와 체코 원전 수주전이 벌어졌을 때도 제일 강조한 장점은 예산과 공기를 정확히 지킨다는 사실이었다. 현지 일부 언론은 "한국이 덤핑하기 때문에 불리한 조건을 수용한다."라는 내용의 보도를 했으나 UAE가 보여 준 한국에 대한 신뢰는 한국 원전의 대외 신뢰도를 올리는 데도 한몫할 것이다.

[걸프 해안에 건설되어 2021년부터 가동 시작한 아랍권 최초의 원전 바라카 1, 2, 3, 4호기. 제3세대 최신형 원전 APR1400 노형으로 한국의 신고리 3, 4호기와 동일 노형이다. 각 호기 당 1400MWe 전력 생산으로 4기 가동 시 UAE 전국 전력의 25%를 공급한다.]

바라카 원전은 한국전력이 주계약자로 사업을 총괄하고 한국수력원자력, 두산, 현대, 삼성 등 국내 굴지의 기업들이 공정 전 과정에 참여하는 '팀 코리아' 형태로 진행되었다. UAE에서도 이미 10년 정도 건설이 진행되어 2023년 바라카 1, 2, 3호기는 100% 발전을 시작하였고 남은 4호기도 순차적으로 계통에 병입될 예정이다. 이는 아랍 세계 최초의 원자력 발전으로 1, 2, 3, 4호기 모두 가동되면 UAE 국가 전력망의 25%를 바라카 원전이 공급하게 된다. 바라카 부지는 추가로 4기를 더 건설할 수 있는 규모라 향후 UAE의 전력 정책이 주목된다.

[바라카 원전 3호기 준공, 2023.1.26. 한, UAE 정상과 함께]

2022년 12월 4일 UAE 중앙은행은 건국 51주년을 맞아 최고액 지폐인 1,000디르함(약 35만 원)의 새로운 도안을 공개했다. 지폐의 앞뒤로 셰이크 자이드 빈 술탄 알 나하얀(일명 '자이드') UAE 초대 대통령의 얼굴이 그려져 있다. UAE의 기틀을 다진 지도자, 말하자면 '국부'다. 그런데 뒷면에는 '팀 코리아'가 건설한 바라카 원전의 모습이 그려져 있다. 우리가 수출한 원전이 다른 나라의 지폐, 그것도 최고액권의 도안에 들어간 사실은 원전 그 자체의 수출보다 더욱 놀랍고 의미 있는 일이다. '한국 원전의 UAE 지폐 도안 출현 사건'은 양국 관계의 고도화는 물론 우리 같은 원자력 기술자에게 자긍심을 느끼게 하는 대목이다.

[바라카 3호기 준공을 기념하여 발행한 UAE 화폐 최고액권 1,000Dirhams 지폐 후면 도안에 '자이드' 초대 대통령상과 바라카 원전 1, 2, 3, 4호기가 선명하다.]

'탈원전'을 넘어서

2017년에 국내에 가동 중인 원전 25기, 건설 중인 원전 6기에 기획 중인 원전도 6기나 되었으니 원자력 산업 전체가 승승장구를 달리고 있었다. 그러나 이때 새로 출범한 정부는 선거공약으로 내세운 '탈원전' 정책을 5년간 밀어붙여 신규 원전 건설과 기존 원전의 계속 운전을 위한 수명연장에도 제동을 걸었다. 당초의 명분은 원전의 안전성 시비에서 시작되었다. 이는 일본 후쿠시마 원전 사고를 1천 명이 넘는 사망자를 낸 원자력 방사능 사고로 잘못 인식한 데서 출발하였다. 원전 폭발로 방사능에 의한 과피폭 overexposure 사고는 단 한 명도 없었다는 사실은 이제 잘 알려진 터이다. 경제성에 대한 시비도 월성 1호기를 계기로 재인식되고 있다. 더욱 분명해진 사실은 우리 정부가 만천하에 공포한 '2050년까지 탄소 중립'의 공약이 원전 없이는 불가능해 보인다는 사실이다. 안전성과 경제성의 기준 이외에도 기후변화에 대처하는 우리 정부의 '탈탄소' 정책에도 빨간불이 켜지고 있었다.

다행히도 2022년 출범한 새 정부는 탈원전의 정책을 근본적으로 수정하여 신규 원전의 건설과 기존 원전의 수명연장에도 적극적인 모양새이다. 이로써 원전의 안전성과 경제성이 제대로 인정받고 2050년까지 기후 온난화를 방지하는 탄소 중립을 지향하는 국가 정책에도 기여하는 원전의 새로운 전환점이 이루어진 것이다. 대형 원전과 소형 원전(Small Modular Reactor, SMR)의 개발로 미래 먹거리를 창출하겠다는 야심적인 청사진도 나오는 시점이다.

2023년 현재 동구의 폴란드와 체코 등 방위 산업 수출과 병행하여 APR1400 대형 원전의 건설도 구체화되어 기대를 키우고 있다. 향후 해외 원전 수출로 제2, 제3의 바라카 원전 사업 성사에 거는 우리의 기대가 클 수밖에 없다.

한반도의 기구한 원자력 운명

한반도와 원자력은 기구한 운명을 지녔다. 2차 세계대전 말기 연합군이 일본 본토 상륙을 준비하던 막바지 1945년 8월 6일과 9일, 히로시마와 나가사키에 떨어진 단 두 발의 원자탄으로 2차 세계대전은 극적으로 막을 내린다. 덕분에 '결7호 작전決7號作戰'으로 본토 방호 최후의 격전지로 작정했던 제주도는 전쟁의 상처를 면했고, 우리나라도 극적으로 해방이 되었다. 말하자면 인류가 발명한 군사적 목적의 핵폭탄이 최초로 일본 본토에 떨어지는 통에 뜻밖으로 우리가 해방을 맞이하여 독립국으로 태어나게 된다.

감격도 잠깐, 불과 5년 후에 터진 6.25 전쟁 중에도 중공군을 대비한 핵무기의 사용이 논의되었다고 한다. 가공할 신무기의 위력에 대한 북한 수령층의 집념은 이때부터 시작되었다. 이 후 북한은 핵무기 개발에만 전념하여 국제사회에서 외톨이가 된 채 현재 자국 정권의 생존을 구실로 세계평화의 위협이 되고 있다.

한반도의 남쪽에서는 정반대의 정책이 추진되었다. 1960년대부터 시작된 경제개발에 소요되는 막대한 전기 에너지를 원자력 발전에서 얻자는 기술 자립 정책이 성공하고 불과 반세기 만에 경제개발과 민주화를 동시에 이룬 나라가 되었다. 이는 1950년대부터 80대 고령 이승만 대통령의 미래를 보는 혜안과 이를 실천으로 옮긴 국산화 정책이 성공한 덕분이다. 세계를 상대하는 수출 대국의 위상은 값싸고 안전한 전력을 공급한 25기의 원전原電이 뒷받침하여 준 덕이다. 이 대가로 NPT 핵확산방지조약 준수국으로 원자력의 평화적 이용만을 고집하게 되었다.

결과적으로 한반도는 이 지구상에서 원자력 이용의 양면성을 띠게 된다. 즉, 평화적 이용과 군사적 이용을 극적으로 대비하여 보여주는 유일한 지역이 되었다. 북쪽은 핵무기의 개발에는 성공하였을지 모르나 극심한 전력난에 민생은 도탄에 빠져 있고, 남쪽은 최고의 원자력 기술 확보국으로 원전의 해외 수출까지 이루어 낸 실적을 자랑한다. 한반도는 원자력과 참으로 기구한 운명을 맺고 있는 셈이다.

1.4
사우디 Vision 2030과 원자력

제1차 석유파동과 사우디 인연

한반도의 기구한 원자력 운명은 중동 원전 수출로 이어진다. 원자력 기술의 후발 국가인 한국이 대형 원전 수출에 성공함으로써 원자력 기술의 종주국이라는 미국, 프랑스, 캐나다에 이어 (구소련이 공산권에 지어 준 원전을 제외하면) 네 번째 국가로 등장한다. 어떻게 이것이 가능했을까? 우리보다 두 배의 원전 가동과 원자력 선진국으로 자타가 인정하는 일본도 못 이루어 낸 실적이다.

1973년 10월 중동에서 벌어진 제1차 석유파동에서 단서를 찾아보자. 이스라엘과 주변 중동국들 간에 벌어진 제4차 중동전쟁인 '욤

키푸르 전쟁'이 발발한다. 미국과 중동국들 간에 발생한 정치적 갈등은 급기야 사우디아라비아의 미국 석유 수출 금지 조치로 파란을 불러일으킨다. 하루아침에 배럴당 2불 하던 유가가 10불로 뛰었으니 세계가 발칵 뒤집힐 만한 일이었다. 이스라엘을 편애하는 미국의 외교 정책에 최대 산유국인 사우디의 파이잘 국왕이 제동을 건 것이었다. 당시만 해도 중동의 석유는 국제적인 전략 자산으로 충분한 가치가 있었다.

한국도 직격탄을 피할 수가 없었다. 그때까지 석유와 석탄을 주연료로 하는 전력 계획에 수정이 불가피해졌다. 그 대책으로 각광을 받게 된 것이 원자력이었다. 이미 국가적인 원자력 기본법과 체제는 갖추어진 터여서 최초의 원자력발전소 도입도 단시일에 추진되었다. 고리 1호기와 후속기의 도입은 이런 제1차 석유파동 배경에서 탄생되었다. 국내 최초 원전의 탄생은 이렇게 사우디 국왕의 석유 전략화 결심에서, 최초의 시도로 이루어졌다.

어느 나라든 원자력 발전과 같은 초대형 사업을 처음 도입하는 데는 엄청난 준비와 인력개발이 필요한 법이다. 지구상의 수많은 개도국들이 원전을 도입한다고 수십 년이 걸려도 실천 못 하는 이유가 있다. 바로 법적, 인력·재정 면 등에서 제동이 걸리기 때문이다. 우리나라는 1950년대 말부터 물리화학 등 기초연구를 전담하는 원자력연구소를 서울 태릉에 설립하였다. 그리고 1970년대 원전 도입 결정에 따라 민영화를 실시하고 대규모 기술 인력 스카우트에 착수한다.

 이 당시 우리나라는 경제개발에 초고속 성장을 시작하던 시점이었다. 국내 기술 단체에서 분야마다 선진국에서 교육받은 한국 기술자들을 앞다투어 유치하던 때였다. 묘하게 나의 운명도 석유파동으로 각광을 받기 시작한 원자력 사업과 인연이 맺어졌다. 고리 1호기 같은 초대형 건설 사업에 구조물의 내진성과 진동 건전성을 따지는 나의 전공과 일치된 분야가 중요하다는 결론에 이르렀다. 대학교 물리 시간에 배운 아인슈타인의 상대성 이론 물리에서 나오는 천문학적인 막대한 에너지 $E = mC^2$은 안전하게 통제되어야 한다. 안전성을 최우선으로 하는 원자력 분야에서 우선적으로 다루어질 분야 중의 하나였다. 이에는 고온, 고압에서의 기계적 진동, 마모, 피로, 파괴 등을 완벽하게 제어하는 기술이 관건이었다. 나 같은 기계쟁이도 원자력에 할 일이 많다는 데에 자신감이 생겼다.

 우여곡절 끝에 어렵사리 귀국을 결심하고 12년간의 미국 유학, 취업 생활을 청산하고 1975년 서울 태릉의 원자력연구소에서 새

삶을 시작하였다. 그로부터 반세기에 가까운 세월을 '원자력' 한 우물만 팠다. 돌이켜 보니 지난 세월은 우리나라가 초고속으로 성장하던 시기였다. 이 기간 동안 나에게 주어진 전공에 맞는 평화적 이용의 원자로 계통 설계 분야에서 일할 수 있었던 것은 참으로 행운이었다.

지난 40여 년의 짧은 세월 속에 국내 원전을 모두 25기나 설계하고 건설, 운전한 우리나라는 지구상 어디에도 찾아보기 힘든 국산화의 성공 사례에 속한다. 계속 짓다 보니 설계의 완성도와 거대한 국내 원전 산업 공급망, 즉 'Supply Chain Team Korea'의 국제경쟁력도 생겼다. 자체 개발에 성공한 제3세대 가압경수로인 APR1400 노형은 국제적인 최우수 설계 인증도 받게 되었다. 자연스레 원전 해외 수출의 기회도 생겨났다.

나와 원자력과의 인연은 돌고 도는 것인가 보다. 1973년 사우디 파이잘 국왕의 결단으로 발발한 1차 석유파동이 결국 원자력에 문외한인 나에게 일평생 원자력 한 우물을 파게 만든 결정적 계기가 되었다. 이로부터 40여 년 후 원자력 고문관의 자격으로 사우디에 가서 근무하게 될 줄을 그 누가 알았을까…. 중동 아랍국 중에서 수니파 이슬람의 종주국으로 자부하는 사우디아라비아가 원전 도입에서 UAE보다도, 시아파 종주국인 이란보다도 한발 뒤늦게 따라가고 있는 양상이다. 필자가 현지에서 근무하며 느낀 바로는 사우디는 원전 도입에는 늦어졌지만, 원천 기술부터 소유하고 국산화하여 고급 인력 자국민들의 취업에 일조하려는 취지는 타국의 추종을 불허한다. 덩치가 큰 나라다 보니 결정 과정에서 시간이 많이 걸린다. 허나 일단 불이 붙으면 대규모로 원전 건설이 추진될 전망이다.

사우디의 Vision 2030과 원전

사우디아라비아는 아랍권 최초의 원전 가동을 달성한 인접국 UAE와는 차이점이 크다. 총 3천5백만 인구의 90%가 자국민으로 사우디 고급 기술자들에게 바람직한 일자리를 마련해야 한다는 점이 UAE와 근본적으로 다른 점이다. 기술 자립을 이루어 자국민에게 고용 창출의 기회를 만들겠다는 점이 이들의 중장기 계획인 'Saudi Vision 2030'에 명시되어 있다.

2015년 즉위한 7대 살만 국왕King Salman은 그의 친아들 무함마드(Muhammad bin Salman, MBS)를 왕세자로 책봉하고 권력 기반을 공고히 한다. 2017년 공포된 'Vision 2030'에는 사우디 왕국의 장래를 가름하는 사회 대개혁이 포함되어 있다.

요약하면,

첫째, 기존의 수니 보수파 와하비Wahhabism 이슬람에서 온건파 이슬람으로 탈바꿈한다.

둘째, 기존의 석유 의존도에서 벗어나 자립 경제구조를 이룩한다.

Vision 2030에는 국가 재정의 80% 이상을 석유 수출 한 품목에 의존하던 국가에서 자국 내 소비에서 석유 가스를 대폭 줄이고 원자력과 신재생에너지로 대체하겠다는 야심 찬 구상이 들어 있다. 원자력 분야만 보면 대형 원전과 소형 모듈화 원전(SMR)의 양분 정책으로 3대 도시 리야드Riyadh, 젯다Jeddah, 담맘Dammam 중심으로 대형 원전을 건설하고, 지방 소도시 수요는 SMR로 한다는 기본 정책이다. UAE와 같이 전적으로 외국의 기술과 인력을 쓰기보다는, 자국의 고급 기술자들을 설계와 국산화 기술 자립 과정에서 활용하자는 전략이다.

한국의 '팀 코리아'는 사상 초유의 아라비아반도 산유국에 원전 건설 사업을 예정대로 마치는 신기록을 수립하였다. 사우디도 바라카에 인접한 국경지대 걸프 해안가 두웨이안Duwehien에 원전 1

호기 부지를 정해 놓고 건설 계획을 추진 중에 있다. K.A.CARE에서 분리 독립한 원전 사업주 SNE(Saudi Nuclear Energy) Holding Company는 미국, 한국, 프랑스, 러시아, 중국 등 5개국에서 입찰서를 받고 심사 중이고, 원자력 규제기관 NRRC(Nuclear Radiation & Regulatory Commission)는 두웨이안 부지 승인 작업 중이다. 예정대로라면 2024년경에는 대형 원전 2기의 건설이 시작될 전망이다.

이와 별도로 이미 사우디 원자력청과 한국원자력연구원 사이에는 중소형 원전 SMART의 예비설계를 공동으로 2018년에 마친 바 있다. SMART 원전의 예비설계와 안전 규제 요원으로 2019년까지 사우디 기술진 70여 명이 대전에 3년간 장기 파견되었다. 원자로 계통 공동 설계와 규제 기술을 터득하였으니 실제 원전 사업의 핵심 요원의 훈련을 시킨 셈이다. 사우디와 같은 대국은 대도시의 전력 수요를 감당할 APR1400 같은 대형 원전과, 원격지에 떨어진 중소 도시들의 전력·담수 수요를 담당할 중소형 원전을 포함하여 자국의 에너지 장기 계획이 짜여 있다.

사우디는 지하자원으로 석유만 풍부한 것이 아니라 우라늄광도 매장량이 풍부하다. 대규모 원전 공급과 병행하여 핵연료 주기 기술, 특히 우라늄 농축 기술도 자국 내에 확보하고자 하는 장기 계획이 Vision 2030에 포함되어 있다. Vision 2030에는 원자력 분야 뿐만 아니고 초대형 국책 사업으로 네옴시티 건설 사업과 최근 유치에 성공한 2030 세계 엑스포 박람회, 2029년 동계 아시안 게임과 2034년 월드컵 축구 대회 등이 있다. 사우디를 개혁, 개방한다는 목표 달성을 위해 바람직하나 이에 소요되는 천문학적 규모의 재원 조달이 문제일 수 있다. 예정대로 진행된다면 우리 기업들에게 '제2의 중동 붐'을 가져올 수 있는 계기가 된다.

제2부

왜 모세를 지금?

나는 호기심 많은 기술자로 평생을 살아왔다. 기계공학을 전공하고도 $E = mC^2$이라는 무궁무진한 에너지에 끌려 원자력 한 우물만 팠다. 원전 처녀 수출에 일조를 한 덕으로 정년퇴임 후에 중동으로 나가 근무하며 새로운 아랍 세상을 알게 되었다. 2011~2018년 기간 중동 근무 시절 우연히 알게 된 아라비아반도 서북부 타북Tabuk 지역이 구약성서의 미디안 땅, 출애굽 시대 모세와 연관될 수 있다는 사실이 나의 호기심을 자극하였다.

3,500년경 전* 중동에서 살았다는 유다인 사나이이자 유다교와 기독교의 뿌리에 해당하는 구약성서 제일 앞부분 『모세5경』의 저자로 알려진 모세. 그의 이름은 영문으로 'Moses', 아랍어로 'موسى'(발음은 'Musa'), 히브리어로 'משה'(발음은 'Moshe')라 쓴다. 유다교인이라면 틀림없이 신주로 모시는 토라Torah가 구약성서의 첫 다섯 장 『모세5경』이고, 기독교에서는 구약시대 최대의 인물로 아브라함과 모세를 꼽고, 이슬람교에서도 무함마드 다음으로 모시는 선지자·예언자로 모세가 단연 으뜸이다.

유일신을 모시는 세계 3대 종교에서 모두 모세가 주역으로 등장한다. 이슬람을 믿는 아랍인은 외관 골격상으로 서양인을 닮았지만

---

* 출애굽 사건의 시기를 BC 15세기부터 BC 13세기까지 추정하는 학자들 간의 이견이 많다.

내면 의식구조는 가부장적, 남성 위주의 불과 얼마 전 한국인과 닮은 점이 많다. 한국인은 유다인과 억척스러움이 닮았고, 유독 맹렬한 기독교인이 많고, 아랍인과는 의식구조가 닮았으니 유일신 3대 종교의 공통분모인 모세 이야기에 우리가 끌릴 만한 이유가 충분하다. 만일 이 3대 종교에서 공통의 조상으로 모세를 재인식한다면 요즘 같은 중동 평화와 이슬람 혐오증 해소에 도움이 되지 않을까? 그러면 내가 이 책의 주인공으로 모세를 모셔야 하는 이유가 될 수 있을까? 나의 최종 해외 근무지가 사우디아라비아였고, 그곳 서북부의 미디안 지역에서 모세와 관련된 사적을 여러 곳 방문할 기회가 있었다. 21세기 한국에서 모세를 다시 보려는 나의 새로운 호기심 발단은 여기서부터 시작된다.

사우디의 미디안 땅과 네옴시티 사업 지역

내 나이 70이 되던 해에 원자력과의 오랜 인연으로 이슬람의 종주국 사우디아라비아에 가서 5년을 살게 되었다. 귀국한 후에도 그곳과의 인연이 이어져 이슬람을 소개하는 책*도 쓰고, 2019년 12월에는 취업비자 대신 관광비자를 처음 받아 사우디를 다시 방문

---

* 2019년 사우디에서 귀국 후 중동 이슬람 문화를 소개하는 필자의 『제2의 실크로드를 찾아서 My Arabian Journey』 출판

할 기회가 있었다. 2017년부터 젊은 왕세자 Muhammad bin Salman(MBS) 주도로 밀어붙이는 'Saudi Vision 2030' 개방 개혁의 바람이 이제는 6년이 지나 어느 정도 본궤도에 오르는 듯, '천지개벽' 수준의 변화를 피부로 느낄 수 있었다. 그중 하나가 사우디 서북부 타북 홍해변의 미디안 지역에서 벌어지는 네옴시티 사업. 이곳에는 특히 3,500여 년 전 모세의 흔적으로 알려진 옛터가 여러 곳에 남아 있다. 'Musa의 산', 'Musa 우물', 'Musa 바위', 'Musa 제대', 'Musa 계곡' 등 모세의 이름이 붙은 지명이 여럿 있다. 지금까지는 고고학과 관광에 무관심하던 사우디 정부가 바로 이 지역에 펼치는 새출발, 미래형 최첨단, 초대형 관광도시 NEOM* 사업의 일환으로 모세에 대한 인식이 바뀔 수도 있는 가능성이 보인다.

2021년 벽두부터 네옴시티 사업의 1단계로 'The Line' 사업이 그간의 침묵을 깨고 신규 건설 사업으로 등장한다. 한마디로 미디안 지역 남부를 동서로 관통하는 170km 일직선상에 첨단 스마트 도시를 건설하는 Saudi Vision 2030의 첫 네옴시티 사업이다. 지금까지 알려진 내용만 보아도 사우디다운 상상을 초월하는 인공지능 위주의 신기술, 인구 900만의 첨단 신도시를 미디안 지역 사막 황무지 위 일직선상에 세우겠다는 구상이다. 이 나라 석유 자본의

---

* '새 미래', 즉 그리스어의 'neo = new'와 아랍어의 'M, Mustaqbal = future'의 합성 신조어

진수를 모아 천문학적인 총 $5,000억 규모로 2021년부터 본격 투자한다고 하니 과연 얼마나 이루어 낼지는 두고 볼 일이다. 이 나라의 실세 중에 실세인 왕세자 MBS가 직접 선두 지휘를 한다지만 과연 소요 재원을 동원할 수 있을지는 아직 미지수이다.

[2021년 1월 NEOM의 1차 사업으로 'The Line' 사업을 홍보하는 MBS 왕세자와 사우디 서북부 타북주 NEOM 지역 지도. 아래는 NEOM 사업의 오각형 상징 Logo]

우연의 일치일까? 사우디 정부가 현재 야심적으로 추진하려는 네옴시티 사업의 대상 지역이 바로 구약성서에서 모세의 활동 무대로 알려진 미디안 지역과 거의 일치한다. 아라비아반도는 장화 모양으로 생겨 아시아의 서쪽 끝에서 유럽과 아프리카를 만나고 홍해와 인도양을 접하는 지역이다. 아시아, 아프리카, 그리고 유럽 3대륙이 만나 우리에게는 '중동'으로 알려진 곳이다. 인류 최고의 역사를 자랑하는 메소포타미아 수메르 문명, 페르시아 문명, 이집트 문명과 3대 유일신 종교인 유다교, 기독교, 이슬람교의 발상지가 바로 이곳이다.

'비옥한 초승달Fertile Crescent'로 알려진 이집트, 이스라엘, 이란·이라크를 잇는 곳이긴 하나 이 중간에 위치한 아라비아반도는 대부분 척박한 사막과 황량한 광야로 이루어진 땅이다. 아라비아반도의 동해안 걸프만*을 끼고 해안 지역에서 20세기 초부터 검은 황금 석유가 쏟아져 나오는 덕분에 졸지에 사우디를 비롯한 산유국들이 세계 에너지 경제를 주름잡아 왔다. 아직도 알려진 매장량만 50년은 더 버틴다고 하나 21세기 들어 세계가 기후변화를 인식한 '탈석유' 위주의 경제로 바뀜으로써 산유국들의 국가 정책에도 큰 변화가 일고 있다. 그중 하나가 원자력 발전의 도입으로 아랍토후국(UAE)에서 아

---

* The Gulf, 'Persian Gulf'로 표기되기도 하나 사우디의 반대로 'Persian'을 빼고 표기함

랍권 최초로 한국형 바라카Barakah 원전*을 건설하고 2021년부터 상업 운전에 들어가 우리와 각별한 관계가 되었다.

---

* 1,400MWe급 3세대 최신형 경수로 APR1400 노형 4기 건설로 자국 전기에너지의 25% 공급 예정. 부지는 사우디와 인접한 걸프만 해안지대

[아라비아반도 사우디 최서북부 NEOM Land(아래측 녹색 부위)는 Lawz산을 중심으로 미디안 지역과 거의 일치한다.]

사우디 최고의 비경

아라비아반도의 서북부 요르단과 국경 지역에 타북주가 있다. 왼쪽으로는 홍해의 북쪽 끝부분 아카바만을 끼고 있는 사우디의 최서북부 지방이다. 내가 살던 수도 리야드에서 비행기로 2시간, 다시 차로 3시간은 달려야 아카바 해변가에 이른다. 각별한 각오와 준비를 갖추어 가 볼 만한 곳이다. 처음에는 이곳이 아라비아반도 중에 가장 아름다운 기암괴석 지대로 자연이 아름답다 하여 찾아갔다. 우리 금강산 만물상을 방불케 하는 자연은 듣던 대로 사우디 제1경에 이의가 없었다. 그러나 이곳에서 나를 매료시킨 것은 자연만이 아니었다.

이 지역의 고대 역사가 성서에 나오는 미디안 지역이란 사실을 알게 되었다. 특히 구약성서 「탈출기Exodus」에 나오는 모세와 유다인의 활동 무대가 주로 미디안 지역이라는 것이 나를 놀라게 하였다. 기원전 15세기 유다인 사나이 모세가 2백만에 이르는 히브리인을 이집트의 노예 생활에서 끌고 나와 민족 대이동으로 무려 40년간 광야를 헤매고 나서 가나안 땅을 찾아간다는 이야기다. 오늘날까지도 맨땅으로 건넜다는 홍해와 10계명을 받았다는 시나이산의 위치가 자타가 인정할 만큼 과학적으로 밝혀지지는 않고 있다. 구약성서를 통틀어서 가장 획기적인 단일 사건으로 '모세의 탈출기'를 꼽는 데는 학계나 종교계의 이견이 없어 보인다. 그럼에도 지리학적인 위치는 애매모호하다. 왜 그럴까? 이 사건이 나와는 무슨 연관이 있을까?

아라비아반도 전역에서 가장 자연 경관이 아름다운 지역은 단연 서북부 타북 지역으로 자타가 인정한다. 타북 지역은 기후도 비교적 사계절이 분명하며 눈도 내리고 강우량도 많아 아라비아반도 중에는 비교적 살기가 좋은 곳이다. 내가 이 미디안 지역을 처음 방문하게 된 사유도 2015년에 사우디의 금강산이라는 타북 지역의 '아드 디샤Ad Disha' 계곡을 찾은 연유에서 시작한다. 광활한 사막 위에 펼쳐진 기암괴석들이 보는 이를 압도하고 계곡 끝에 펼쳐지는 산세는 과연 금강산 만물상이라 할 만하였다. 여기에 더욱 방문객을 압도하는 경치는 홍해변의 해저 삼매경이 상상을 초월한다. 해외 스쿠버 전문가들이 타북 지역의 홍해변을 세계 3대 스쿠버 지역으로 꼽을 만하다.

이미 시나이반도 끝의 이집트 지역은 'Sharm el Sheikh' 관광특구로 'Ras Mohammed' 해상국립공원으로도 잘 알려진 곳이다. 지상에는 풀 한 포기 없는 황량한 사막 지역인데, 바로 옆 홍해 밑은 열대어와 산호초의 진풍경으로 극적인 대조를 이룬다. 다만 사우디 측은 아직 관광 인프라가 거의 없는 형편이라 외국인이 방문하기에는 불편함이 따른다. 내가 사우디에 살면서 유일하게 후회되고 아쉬운 점이 바로 이곳을 더 일찍 발견하지 못한 것이다. 사우디 정부가 이러한 천혜의 자연 경관을 배경으로 네옴 사업 지역으로 지정하였으니 향후 발전 전망이 주목된다.

[사우디 서북부 타북 지역의 아드 디샤 계곡. 금강산에 있는 만물상을 방불케 한다.]

[타북 남부 광활한 사막 지역의 기암괴석]

[타북 홍해변 Ras Mohammad 해상국립공원 열대어와 산호초 군락지]

2.1 모세의 일생

모세는 과연 실존 인물이었을까? 그가 정말 『모세5경』의 저자 일까? 그가 썼다면 어떤 알파벳 글자로 썼을까? 신화적인 인물이었을 가능성은 중세기 최고 조각가 미켈란젤로의 로마 성 베드로 성당 안 '모세상'을 보면 머리 위에 뿔이 두 개 난 신화적인 존재로 묘사되어 있다. 구약성서 「탈출기」에 모세가 시나이산에 올라 40일간 머무르다 10계명이 적힌 증언판을 들고 내려올 때 그의 모습이 신비스럽게 묘사되어 있다.

모세는 시나이 산에서 내려왔다. 산에서 내려올 때 모세의 손에는 증거판 두 개가 들려 있었다. 그런데 모세는 야훼와 대화하는 동안에 자기 얼굴의 살결이 빛나게 된 것을 모르고 있었다. (탈출 34,29)*

---
* 본 도서에서 인용한 성서는 공동번역 개정판이며, 해당 번역본에는 「출애굽기」라 되어 있지만 편의상 「탈출기」로 표기한다.

[바티칸 성 베드로 성당 내 미켈란젤로의 '모세상"]

　　모세가 살았던 기원전 15세기는 우리에게는 까마득한 고조선 시대에 해당하지만, 중동 지역의 역사로 보면 실존 인물로 보는 것이 타당하다. 이집트와 메소포타미아 지역은 5천 년이 넘은 역사 기록과 고증이 넘치는 곳이다. 이들의 고적은 대부분 돌로 만들어져 무

---

* 출처: Wikipedia(https://ko.wikipedia.org/wiki/) - Jörg Bittner Unna

려 수천 년이 지난 현세에도 피라미드, 미라, 상형문자, 쐐기문자 등이 유명 박물관들을 채운다. 유다교와 기독교, 그리고 이슬람교에서도 모세를 그들의 경전 기록에 실존 인물로 자세히 묘사하고 있다. 이스라엘 개국 역사도 모세의 출애굽 당시 시나이산에서 주님과 맺은 계약부터 유다교의 창설과 이스라엘 국가의 형성으로 본다 하니 우리의 단군 할아버지보다 더 중요한 위치를 차지하는 인물임에 틀림없다.

유다교와 기독교는 일반적으로 구약성서를 공유하는 종교라는 면에서 모세 이야기가 공통으로 알려져 있고, 구약성경에서 모세는 아브라함과 더불어 단연 가장 큰 인물이라고 할 수 있다. 『모세5경』 중 유다교 경전인 토라의 「탈출기Exodus」, 「레위기Leviticus」, 「민수기Numbers」, 「신명기Deuteronomy」에 모세 이야기가 수도 없이 나온다. 신약성서에도 모세에 대한 언급은 여러 곳에 나온다. 놀라운 사실은 7세기에 탄생한 이슬람의 경전 쿠란에도 모세가 무려 135회나 언급되고 있다. 구약성서의 모세 언급은 당연하다 치더라도, 기독교와 차별되는 이슬람권에서도 모세를 중요시한다는 사실이 나에게는 새로운 발견이었다. 사우디에 살면서 모세라는 인물에 대한 나의 호기심이 생길 만도 하였다. 결국 3대 유일신교에서 공통으로 받들어 모시는 유일한 인물이 신앙의 선조라는 아브라함을 제외하면 모세인 셈이다. 다음 장에서 조금 더 구체적으로 유다교와 기독교, 이슬람교에서 모세를 다루는 내용을 상세히 소개한다.

구약성서에 의하면 모세는 120세에 죽기까지 첫 40년은 이집트 파라오의 궁에서 왕자로 자랐다. 두 번째 40년은 미디안 지역으로 탈출해 나와 양 치는 목동으로 변신해 살았다. 마지막 40년은 유다인 2백만 명을 이집트에서부터 민족 대이동으로 이끌고 나와 시나이산에 오르고 광야를 헤맨다. 결국 모세는 가나안 땅을 못 밟아 보고 120세에 죽는다. 다음의 줄거리는 구약성서 제일 앞부분 『모세5경』에서 모세 이야기를 간추린 것이다. 그의 파란만장한 일생을 3단계 40년 단위로 정리해 본다. 1956년 할리우드의 거장 Cecil B. deMille의 대작 〈10계誡 Ten Commandments〉 영화가 구약성서 각본대로 비교적 모세의 일생을 실감나게 잘 소개해 주었다.

출생부터 40세까지

기원전 15세기경 이집트 고센 지역에서 유다인 부모 슬하에 태어난 모세는 이집트 역사상 가장 강성하고 찬란했던 고대문명의 절정기, 신왕국(18~20대 왕조) 람세스 2세 파라오 시대에 태어났다. 족보상으로 모세는 3대 유일신교인 유다교, 기독교, 이슬람교에서 공통으로 신앙의 선조로 모시는 아브라함의 직계 자손에 해당한다.

구약성서 「창세기」에 보면 7년 동안 대가뭄으로 중동 지역이 모두 황폐해져서 아브라함의 손자인 야곱과 그의 열두 아들이 이집트로 식량 찾아 이주한 사실이 적혀 있다. 기구하게 팔려 간 야곱의 아들 요셉이 이집트 파라오의 꿈 해몽으로 신임을 얻어 재상의 자리에까지 올라 자기 부모 형제들을 이집트로 부른다. 그 후 야곱 일가의 남자 70여 명이 이집트로 이주하여 최대 곡창지대인 나일강 하류 고센 지역에 정착하게 된다. 이들을 기반으로 약 4백 년간 이집트 전역에 증가한 히브리계 유다인이 수백만 명에 달한다.

4백 년이 경과한 후 이집트의 파라오는 왕권이 바뀌어 요셉의 공로를 모르는 세대가 되었고, 오히려 유다인 인구의 팽창으로 왕권에 위협을 느끼는 상태가 되었다. 드디어 파라오는 히브리인 갓난 사내아이들을 모두 죽이라는 왕명을 내리기에 이른다. 모세가 이집트에서 '나온' 유다인 이야기의 주인공이라면 그 전제인 이집트로 '들어간' 이야기의 주인공은 요셉인 셈이다.

이즈음 태어난 아기 모세는 그의 누이와 모친의 재치로 강보에

쌓여 갈대 상자에 넣어 나일강 변에 띄우게 되어 죽음을 면하게 된다. 마침 이때 나일강 변에 산책 나온 파라오의 공주가 떠내려오는 상자를 받아 이 아기를 자기 아들로 삼아 키운다는 극적인 이야기이다. 여기에 등장하는 공주는 후일 이집트의 여자 황제로 이름을 드높인 하트셉수트$_{Hatshepsut}$라고 알려져 있다. 이 '모세'라는 이름은 '아무개의 아들'이라는 뜻으로 철저히 이집트식 이름이다. 신왕국을 다스린 29명의 파라오 가운데 '모세'라는 이름을 쓴 파라오가 무려 17명이나 된다니 당시 왕실의 흔한 이름(아흐모세, 투트모세 등)인 듯하다.

이집트 왕실에서 황제학을 배우고 익히며 승승장구하던 모세는 후일 차기 파라오의 왕위 계승 후보자의 위치에까지 이른다. 이때 익힌 학식과 경륜으로 그가 후일 『모세5경』을 집필한 저자로도 알려지게 된다.* 놀라운 사실은 그가 집필하였다고 알려진 『모세5경』, 그중에도 출애굽을 다룬 「탈출기」, 「레위기」, 「민수기」를 보면 3,000여 년 전 벌어진 일이라고는 믿기 어려울 정도로 이집트에서 나와 광야를 헤매는 유다 민족 대이동의 역사가 상세하게 정량적, 수치적으로 기록되어 있다. 우리 역사의 고조선 시대에 해당하는 이야기가 이토록 자세하게, 실감나게 서술되어 있다니 놀라운 사실

---

* 구약은 BC 400년경 구전, 단편적인 것들이 처음으로 편집된 것으로 알려져 있다.

이다.

여기서 의문 나는 사실은 이집트학에서 다루는 수많은 고고학적 유적과 기록 중에 모세와 그의 출애굽 사건을 다룬 이집트 측 사료가 거의 없다는 사실이다. 이스라엘의 건국 신화나 기독교 성서학에서 그다지도 중요하게 다루는 출애굽 사건이 왜 이집트의 방대한 고고학에는 언급이 안 되었을까? 5천 년의 역사를 자랑하는 이집트 문명은 피라미드를 건설한 고왕조 때부터 돌조각으로 엄청난 문화재 유물을 남겼다. 방대한 상형문자를 돌에 새겨 놓아 지금도 이를 연구하는 이집트학Egyptology이 고고학의 한 분야로 자리 잡고 있으니 그 많은 상형문자 기록 중에 신왕국 시절 모세의 출애굽 사건을 기록으로 남겨 놓을 법도 한 데 말이다.

그런데 놀랍게도 이집트 고고학 문헌에는 출애굽 사건에 대해 일언반구도 찾을 수가 없다는 것이 정설이다. 왜 그럴까? 짐작해 보건대 3~4천 년 전 중동의 판세로 보아 가나안 땅 이스라엘은 이집트, 페르시아, 히타이트 등 강대국에 둘러싸인 미미한 약소국에 불과하였다. 마치 극동의 조그마한 한반도의 역사가 중국, 러시아, 일본의 주류 역사에서 소홀히 다루어진 것과 유사하다고나 할까? 구약성서에서 다루는 수백만의 유다 민족 대이동 사건 자체를 곱씹어 보면 이해가 가능하다.

　약 2백만 명의 유다인이 일시에 이집트를 떠났다는 근거로는 성서상 나오는 장정만 60만으로(탈출 12.37), 4인 가족을 가정할 시 모두 합쳐서 약 2백만 정도로 추정된다. 당시 이집트 전체 인구가 2~3백만에 불과한데 그중에서 2백만 명의 유다인이 한꺼번에 이동했다는 추론은 아무래도 설득력이 떨어진다. 오히려 수천 명, 수만 명 정도의 소규모 유다인 집단이 여러 차례 수십 년에 걸쳐서 출애굽했다는 사실을 후대에 성서를 집필하는 사람들이 상상력을 동원하여 극대화하지 않았을까? 그렇다면 이집트 고대 역사상으로 유다인은 다수의 이민족들이 강대국 이집트로 이주하고 떠나가는 수많은 민족 중의 하나일 뿐이니 큰 사건이 아닐 수도 있겠다는 추리가 가능하다. 다시 말해 당시 제1의 강대국 이집트 파라오의 시각에서 유다인 출애굽 이야기는 기록으로 남길 만한 큰 사건이 아니었을 가능성이 더 설득력이 있다. 지금 미국의 국경을 넘나드는 이민 행렬 중에, 예를 들어 중남미 엘살바도르에서 올라오는 난민의 역사에 미국 사람들이 얼마나 관심 대상이 될 수 있을까? 아니면 이집트 파라오 자신들의 수치스러운 과거를 역사에 언급 안 했을 가능성도 배제할 수 없다.

미디안 목동 생활, 40세에서 80세까지

차기 파라오 후보자로 승승장구하던 모세의 일생에 타격을 준 첫 번째 변곡점이 발생한다. 모세는 자신의 핏줄이 이집트 왕실 가문이 아니고 히브리 유다인의 혈통임을 알게 된 후 고민에 빠진다. 이때는 이미 수백만에 달하는 유다인들이 이집트 파라오의 노예 신분으로 전락한 후였다. 히브리인으로 자신의 정체성을 회복한 모세는 어느 날 유다인 동족을 학대하는 한 이집트 감독관을 살해하는 범죄를 저지른다. 졸지에 왕자의 신분에서 살인자로 전락한 모세는 부득이 이집트 탈출을 결심한다. 이때 탈출 목적지가 이집트 영토 밖인 미디안 땅이라고 구약성서는 기술하고 있다(탈출 2,15). 여기서 '미디안'이란 지명이 처음 등장한다. 미디안 지역이 지금 사우디의 서북부 홍해변이라고 가정하면 모세의 탈출이 파라오의 왕궁으로부터 동쪽으로 무려 500km 떨어진 아라비아반도로 근거지를 옮긴 셈이다.

이곳 미디안 땅에서 모세의 제2인생이 펼쳐진다. 그는 이곳의 아랍인 사제 예언자 이트로(또는 '이드로', 영어명 Jethro, 또는 Reuel)의 목장에서 양치는 목동으로 새 삶을 시작한다. 모세의 이름은 쿠란에 135회씩이나 등장하고 이슬람교의 창시자인 무함마드 다음으로 존경받는다. 모세가 무슬림들에게 예언자로 대접받는 이유가 바로 이 시기에 이트로 예언자의 신임을 얻었기 때문이다. 얼마나 신임을 받았으면 모세는 이트로의 큰딸 치포라와 결혼까지 하고 그 집안 맏사위로 자리를 굳히게 된다. 모세의 장인 이트로는 다양한 이름으로 전해 온다. 이트로는 아랍인의 지역 사제로 후일 이슬람교의 쿠란에서 구약시대의 저명한 예언자 중 하나인 '슈아이브Shuaib'와 동일인으로도 알려져 있다. 이즈음 모세는 메소포타미아, 바빌론 중동의 역사와 전통학을 공부하고 아랍 세계를 폭넓게 이해하게 된다. 후일 『모세5경』을 집필할 수 있는 기본 저력도 이집트 왕자 시절의 왕실 교육과 미디안에서의 독학이 있었기에 가능했으리라고 본다.

미디안에서 40년 가까이 생활하는 중에 모세에게 결정적인 두 번째 변곡점이 찾아온다. 오랜 세월이 흘러 이집트의 파라오가 죽고 난 후 어느 날 주변 호렙산에서 양을 치던 중 불에 타도 없어지지 않는 떨기나무에서 하느님을 만나는 사건이 일어난다. 그는 이집트로 돌아가 노예 생활로 핍박받는 이스라엘 백성들을 구하고 해방시켜 가나안 땅으로 인도하라는 엄청난 주문을 받게 된다. 결국 전능하신 하느님의 의지로 무장한 모세는 이집트로 귀국을 결심한다. 이 과정에서 히브리인들이 처음 한 민족으로 나라를 형성하는, 유다교의 창설과 이스라엘 국가의 건국 신화에 해당하는 사건이 발생한다.

유다 민족 대이동, 80세에서 120세까지

40년 만에 이집트로 돌아온 모세는 파라오에게 히브리인들을 해방시켜 줄 것을 간청한다. 결국 10대 재앙을 거쳐서 가까스로 파라오가 히브리 노예들의 해방을 승낙한다. 마지막 열 번째 재앙은 모든 맏아들의 생명을 빼앗는 사건으로, 그 사건을 계기로 유다인의 출애굽 탈출이 시작된다. 유다인들은 지금도 문설주에 속죄양의 피를 바른 히브리 가정의 맏아들은 온전하였다는 유래의 '파스카Passover, 유월절逾越節' 축제를 거룩하게 지낸다.

2백만에 달하는 유다인을 이집트에서부터 집단으로 끌고 나와 결국 가나안 땅에 이르는 과정이 상식을 초월할 정도로 상세하게 구약성서의 초반을 메운다. 직선 코스로 가면 이집트에서 가나안 땅이 불과 300km, 2~3주일이면 갈 수 있는 거리임에도 성서에는 무려 40년을 걸려 '광야'에서 헤매다가 가나안 땅에 들어갔다고 기술되어 있다. 40년이란 세월이 요즘 같은 40년이 아니라 해도 긴 세월임에는 틀림이 없다. 왜 그다지도 긴 세월을 빙빙 돌다가 갔을까? 성서학자들 중에 이 내용을 과학적·고고학적으로 규명하려는 움직임이 최근 일어나고 있다.

성서에 나오는 숫자들, 예를 들면 장정 '60만' 명, 광야에서 '40년' 등은 요즘 우리가 아는 절대적인 양의 숫자로 이해하면 오해의 소지가 있다. 이는 유다인 이민 인구수가 많았고, 기간이 무척 길었다는 사실을 상징적으로 표현한 결과라고 보아야 하지 않을까?

성서의 미디안 땅은 오늘날 과연 어디일까?

구약성서에 여러 번 등장하는 미디안 지역은 지금 사우디아라비아반도의 가장 서북부, 요르단과 이집트 시나이반도 아카바만 홍해 지역을 끼고 있는 해안 지역으로 해발 2,000m가 넘는 높은 헤자즈Hejaz 산맥으로 이루어진 사암의 광야 지역이다. 행정구역으로는 사우디의 타북주에 해당하고 지금까지는 국경 수비를 맡은 군사 지역 정도로만 알려져 사우디 사람들도 잘 모르는 지역이다.

모세가 이집트 땅에서 2백만의 유다인을 이끌고 나오는 「탈출기」

에 "홍해 바다(Yam Suph, 갈대 바다)를 가르고" 건너와 시나이산에 올라 10계명을 받고, 광야를 헤맨다고 기록되어 있다. 이 이야기는 그 배경 지역이 이집트의 시나이반도가 아니라 바로 타북주의 미디안 지역이라 가정하면 '신화'가 역사적인 '사실'로 둔갑하는 학설도 수긍이 간다. 모세 자신이 이트로의 딸 미디안 여자 치포라와 결혼하여 이 지역에서 장기간 살았으니 후일 민족 대이동을 하는 과정에서 광야의 40년도 모세가 개인적으로 익숙한 미디안 지역이었을 것이란 설이 설득력이 있어 보인다.

여기에서 쟁점으로 남는 것이 미디안 지역의 현재 위치이다. 현재 알려진 중동 지도에는 모두 미디안 땅이 사우디 서북쪽 홍해변으로 표기되어 있다. 모세가 이집트 파라오의 추적을 완전히 피하려면 이집트 영토를 벗어난 지역일 터이니 시나이반도를 건너 지금의 사우디아라비아 서북쪽, 현재 타북 지방의 홍해변 지역이란 추측이 가능하다. 일부 학자들은 현재 이집트 땅 시나이반도 남부지방도 미디안의 일부라고 주장하기도 한다. 그래야만 현재 시나이산이라고 알려진 위치가 모세의 근거지로 앞뒤가 맞게 된다. 이 대목은 이 책의 3부에서 자세히 다루기로 한다. 또한 성서에서 표기한 '미디안' 땅은 특정 지역을 가리키는 고유명사가 아니고 일반적인 '광야'를 칭한다는 주장도 있다. 따라서 구약성서에 나오는 미디안 지역이 요즘 지도에서 표기하는 타북 홍해변이라고 단정하기에는 무리가 따를 수 있다. 이 때문에 성서고고학 학자 간에 의견이 분분한 사유가 되기도 한다.

다큐 영화, 〈증거의 패턴 Patterns of Evidence〉

구약성서 첫 부분인 「탈출기」를 신화적 종교 차원을 떠나 성서고고학을 과학적인 방법으로 증명하려는 움직임이 1980년대부터 미국에서 일기 시작한다. 영화 〈인디아나 존스〉에 나올 법한 오지 탐험가 Ron Wyatt 부자와, 사우디 아람코사에 근무하던 미국 기술자 Jim & Penny Caldwell 부부가 이집트의 시나이산을 방문하고 「탈출기」 구약성서 내용과 너무 상이한 데 실망한다. 이어서 사우디 미디안 지역의 라오즈산을 방문, 최초로 Split Rock을 발견하고 세상에 알려지기 시작한다.* 이즈음 미국의 다큐 영화제작가 Tim Mahoney도 성서고고학과 첨단 영상기술을 총동원하여 일반인이 알기 쉽게 구약성서 「탈출기」의 기록들을 신앙의 차원이 아닌 과학적인 방법으로 규명하려고 하였다. 20여 년의 탐구 결과 대형 다큐 영화로 제작되어 1편: *Exodus(2015)*와 2편: *The Moses*

---

* Penny Caldwell 저 *The God of the Mountain*에서 처음 소개

Controversy(2018)가 일반에 공개되었다. 이 노력의 연장선에서 2020년 2월과 7월에는 3, 4편: *The Red Sea Miracle I, II*가 개봉되었다.

1편을 보니 '출애굽'이라는 대민족 이동의 사건이 과연 고고학적으로 증명할 수 있는 사건이었느냐, 민족 이동이 일어났다면 언제 일어났겠느냐를 집중 조명하였고, 2편에서는 『모세5경』의 저자가 과연 어디까지 모세였느냐, 썼다면 무슨 문자로 썼겠느냐 등을 조명하였다. 2020년 개봉된 3, 4편에서는 모세 일행이 홍해 바다를 가르고 맨땅에서 건넜다는 사건을 고고학적으로 증명할 수 있느냐, 있다면 홍해 바다 어느 위치에서 일어났느냐를 집중적으로 규명한다. 마지막 5편으로 2023년 개봉된 *Journey to Mount Sinai*에서는 시나이산의 위치가 지금까지 알려진 이집트 땅 시나이반도가 아니고 40년 광야 생활을 뒷받침하는 사우디 미디안 땅의 라오즈산 일대라는 새로운 학설을 주장한다. 라오즈산을 진짜 시나이산으로 규명하려는 가장 구체적인 물증 중 하나로 「탈출기」 17장 6절의 암석 바위를 가른다는 기록이 오늘날 라오즈산의 'Split Rock'과 일치한다.

일련의 과학적인 물증을 통해서 성서에 기록된 내용들이 어디까지 실증 가능한 과학이고 어느 부분이 신의 기적인지를 구분하려는 움직임이 주목된다. 그 당시 기록과 물증으로 일어난 사건들을 21세기 과학기술로 증명코자 하는 '증거의 패턴Patterns of Evidence' 민간 단체 운동으로 확산되는 추세이다.

내가 집필 중인 이 책의 주제와 상기 다큐 영화가 너무나 일치하여 유료 인터넷 디지털 다운로드를 통해 이 작품들에 접근하게 되었다. 결과적으로 구약성서의 내용들이 얼마나 고고학적으로 증명이 가능한가를 모세의 출애굽 이야기를 주제로 펼쳐 나간다. 나와 같은 배경의 엔지니어들에게는 이보다 더 확실하게 신앙의 믿음을 주는 기회가 없을 것이다. 최종회에서 언급된 시나이산의 위치를 기존에 알려진 이집트 땅 시나이반도 남단 지점으로 볼 것이냐, 아니면 논란의 여지가 많은 사우디 미디안 땅으로 볼 것이냐가 최대의 관심사다. 이 책의 3부도 이런 취지로 쓰였다.

신앙의 선조인 아브라함부터 대략 500년 주기로 일어난 하느님의 큰 사건들을 짚어 보면,

BC 2000   아브라함 시대
BC 1500   모세 시대(혹은 BC 13세기)
BC 1000   이스라엘 왕국 시대(다윗, 솔로몬)

BC 500   바빌론 유수, 선지자 시대
                (이사야, 에레미야, 에제키엘 등)

AD 0   예수 시대
AD 500   교황권, 이슬람 탄생 시대(622년)
AD 1000   유럽 암흑시대, 이슬람 전성시대
AD 1500   종교개혁, 대항해 시대
AD 2000   산업혁명, 과학·물질주의 시대

[사우디 서북쪽 미디안 지역. Credit to Patterns of Evidence]

이스라엘의 기원

과학적 기법으로 출애굽 사건을 설명하려는 〈증거의 패턴〉 시도도 결국은 '하느님의 기적'으로밖에는 설명할 수 없는 경우가 나온다. 홍해 바다를 맨땅으로 건넌다는 대목과 시나이산에서 10계명이 새겨진 돌판을 받았다는 대목이 그 예다. 『모세5경』이 쓰인 시기가 바빌론 유수 시절이라 모세가 출애굽한 시기보다 약 천 년 후에 쓰인 기록들이다. 유수 시절 나라 잃은 서러움을 모세란 인물을 중심으로 미화, 과장해서 서술했을 것이란 추측이 가능하다. 2백만의 민족 대이동이 한꺼번에, 일시에 일어난 사건이 아니고 수십 회, 수백 회의 소규모 탈출이 수십 년간에 걸쳐서 일어났다는 주장도 있다.

한 나라를 세우고, 새 종교를 일으키는 이스라엘의 건국 신화를 『모세5경』에서 문자 그대로 믿기에는 무리가 따른다. 구약성서의 내용은 정확한 역사 기록이라고 보기보다는 신앙의 차원에서 그 상징성을 보는 것이 더 설득력이 있다. 물론 구약성서의 초반은 이스라엘의 개국 과정을 다룬 역사책이니 자국의 조상들을 최대한 과장하고 미화해서 쓰였을 것이라 짐작한다. 1967년 제3차 중동전쟁인 6일 전쟁 이후 15년간 시나이반도를 지배했던 이스라엘이 최고의 학자들을 총동원하고도 그곳에서 확고한 모세의 흔적을 발견치 못

한 것도 시사하는 바가 크다.

모세의 축복, 지금도 우리에게

　모세는 120세 되던 해에 약속의 땅 가나안을 내려다보는 느보산에서 생을 마감한다. 12지파 아들들에게 마지막으로 축복을 내리는 구절이 있다. 그가 남긴 유언에 해당하는 글 중에 『모세5경』 마지막 장 「신명기」에 이런 말이 있다.

　"… 민족들을 산으로 불러모으고 바다에서 얻는 것과 모래 속에 숨겨 있는 것으로 먹고 살며 베푸신 행운을 감사하여 제물을 바칠지라." (신명 33,19)

　이 말을 현대적으로 해석하면 '모래 속에 숨겨 있는 것'이 바로 실리콘으로 모든 반도체의 원자재이다. 20세기 최대의 성공 신화를 이룬 캘리포니아의 실리콘 밸리에서 뿌리를 찾아보자. 트랜지스터를 발명한 쇼클리, 실리콘 밸리의 창시자인 터만 교수나 첨단 디지털 산업의 총아인 Facebook 창업자 저커버그 등 과학자, 기업인들이 모두 미국인 유다계 혈통이다. 한마디로 모세의 축복을 이루어 낸 곳이 바로 실리콘 밸리, 유다인 후손들로 모래 속의 보화인 실리콘 반도체에서 IT 산업을 이루어 낸 주역들이 수도 없이 많다.

우리나라도 모세의 축복 덕을 본 나라에 속한다. 월남전에 파병, 참전한 대가로 미국이 1970년대 한국 첨단 과학의 모태인 대덕연구단지 설립부터 지원하고 나선다. 이의 산업화 연장으로 전자교환기와 반도체 산업이 21세기 대한민국의 대표 먹거리 산업으로 각광을 받고 있다. 대만과 더불어 국내 유수 기업들이 메모리 반도체, 시스템 반도체 분야에서 최고의 기술과 영업 순익을 자랑한다. 일시적인 호경기 상황이 아니고 장기적으로, 포스트 코로나 같은 최악의 불경기 상황에서도 우리의 반도체 산업이 수출을 선도하는 효자 노릇을 톡톡히 하고 있다. 유다인과 여러 가지 면에서 닮은 점이 많다는 한국인의 DNA에 반도체 산업과 같은 첨단 기술 자질이 뚜렷하니 모래 속의 보물을 알려 준 3,500년 전 모세의 축복을 떠올리게 한다.

2.2
유다교의 모세 이야기

    지구상 3대 유일신 종교로 유다교, 기독교, 그리고 이슬람교가 있다. 이들이 각각 모세를 어떻게 자기 종교의 기본 축으로 삼고 있는지 살펴보고자 한다. 지구상 총인구 80억 중에 기독교가 약 25억 명으로 가장 많고, 가톨릭, 개신교, 정교회, 성공회 등으로 나뉜다. 다음이 이슬람교로 약 20억에 이르는데 수니파와 시아파로 나뉘며, 8:2 정도로 수니파가 많고 교세가 가장 빨리 늘어나는 종교이다. 세 종교 모두 아브라함을 신앙의 선조로 모시는 한 뿌리의 종교들이다. 세 종교의 공통점은 유일신을 믿는다는 점이다. 다만 유일신을 부르는 명칭이 다를 뿐이다. 유다교에서는 신의 이름을 'YHWH' 4개의 자음으로 표기하고, 기독교에서는 '야훼 혹은 하느님*, 여호와'라 부르고, 이슬람에서는 'the God'라는 뜻의 '알라'

---

* 우리나라의 경우 가톨릭은 '하느님', 개신교는 '하나님'으로 표기한다.

부른다.

　유다교는 가장 오래되었지만 유다인이라는 특수 인종에게만 포교가 가능한 종교다. 총 신자 수가 전 세계에 약 1,500만 명에 불과하지만 역사적으로 기독교와 이슬람의 영적 조상 역할을 했다는 사실을 간과할 수 없다. 유다교는 기원전 20세기경 아브라함에서 시작해 기원전 15세기경 출애굽 사건 중 모세가 시나이산에서 하느님으로부터 10계명과 율법을 받고 기원전 6세기경 바빌론 유배 시절에 뼈대가 정립되었다. 이를 전 인류를 대상으로 보편화한 것이 기독교이고, 이보다 약 6백 년 후 아라비아반도에서 탄생한 종교가 이슬람교이다. 지리적으로 같은 중동 지역에서 약 6백 년 시차로 유다교, 기독교, 이슬람교가 탄생한 사실은 중동이 인류 역사에 끼친 중요도를 짐작케 한다. 이들 세 종교는 같은 한 분의 하느님을 믿는다는 공통점을 지니지만 계시의 통로가 다르다는 점에서 히브리 성서, 신·구약성서, 쿠란이라는 다른 경전을 축으로 모신다.

　어떤 이는 한국 사람이 유다인과 가장 많이 닮았고, 그들이 제일 경계하는 민족이 한국인이라고 한다. 좀 과장된 면은 없지 않아 보이나 강대국에 둘러싸여 억척같이 역경을 헤쳐 간 면에서는 비슷한 점도 있다. 유다교 교회Synagogue라면 틀림없이 신주로 모시는 토라가 기독교 구약성서의 첫 다섯 장 『모세5경』이고, 유다인이라면 누구나 그들만의 생활 규범인 『탈무드Talmud』를 따른다. 자식 교육 면에서 부모가 온갖 희생을 무릅쓰는 극성도 우리와 유다인이 닮은 점이다. 다만 그들은 아들이 13세가 되면 성인식(Bar Mitzvah)을 성대하게 올리는 전통이 있다. 우리의 중학교 입학 시기에 자기 주위의 또래 집단에서 1등이 되기보다는 남다른 재능을 키우는 데 더 열중한다. 성인식 선물로 받는 축의금은 일반적으로 주식과 채권에 묻어 둔다. 13세부터 재테크를 배운다는 말이다. '돈이란 버는 것이 아니라 불리는 것'이라는 개념을 어려서부터 익힌다. 우리가 배울 점이다.

이스라엘의 고대 역사를 보면 지역적인 위치상 3대 강대국 이집트, 튀르키예(과거 히타이트, 아시리아), 이란(과거 페르시아, 바빌론)에 둘러싸인 약소국으로의 비애를 수없이 겪어 왔다. 마치 우리 한반도가 중국, 러시아, 일본에 둘러싸인 것과 비슷하다. 성조 아브라함 때부터 비옥한 초승달 지역을 옮겨 다니며 국가로서 명맥을 간신히 유지해 왔다. 대기근을 맞아 요셉의 자손들이 이집트로 내려와 400년을 살지 않나, 첫 왕정 시대 후에는 유다 나라가 망하고 바빌론으로 노예 유배를 당한다. 이집트 400년 노예살이 때는 모세라는 걸출한 인물이 나와 민족 대이동을 이루고, 기원전 6세기경 바빌론으로 유배당하는 과정에서 유다교가 처음으로 구체화된다. 로마제국 시대에는 예수 수난의 역사 이후 디아스포라(diaspora, 민족 대분산)로 전 세계에 유대인들이 흩어져 나라 없는 서러움을 사무치게 받는다. 2차 세계대전 때는 독일 나치들의 끔찍한 대학살$_{holocaust}$로 6백만의 유다인이 사라지고, 그 반작용으로 1948년 이스라엘이라는 나라가 신생국으로 팔레스타인 옛 가나안 터전에 등장한다.

유다인 특유의 악착스러움과 미국 등 대국의 일방적 지원으로 현재는 중동 지역에서 가장 선진국인 이스라엘이 세워진다. 그 과정에서 주변 아랍국들과 지역 전쟁을 수차례 겪고 승승장구, 군사적으로도 우세하여 중동 평화의 걸림돌이 되고 있다. 아랍 사람들이 수천 년 대대로 살아오던 땅 가나안에 살고 있는 팔레스타인 난민들과 함께 공존하는 지혜를 찾는 길이 현대 이스라엘의 가장 큰 숙제이다.

Tim Mahoney가 추적하는 〈증거의 패턴〉 시리즈에서 모세의 출애굽 사건을 총체적으로 다룬다. 구약성서에 나오는 줄거리가 하나의 신화에 따른 소설 이야기가 아니고 고고학적, 과학적인 사실에 근거한 대서사시임을 증명해 보려는 시도이다. 그가 주장하는 시나리오를 6개 단계로 나누어 기원전 17세기부터 약 500년에 걸친 이스라엘 역사를 단계별로 추적한 요점을 정리하면 다음과 같다. 이 중에서 5단계 이집트 탈출 이야기가 가장 핵심으로 이 책의 3부에서 집중적으로 다룬다. '이스라엘'이란 단어의 어원도 창세기에 언급된 대로*(창세 32,29)* 아브라함의 손자인 야곱에게 주어진 새 이름으로 후일 국가의 명칭으로 굳어진다.

1단계: 유다인의 이집트 이주(Arrival)

3대 유일신교로 일컬어지는 유다교, 기독교, 이슬람교에서 공통으로 신앙의 선조로 모시는 아브라함 이야기가 있다. 지금의 이스라엘인 가나안 땅에 살던 그의 손자 야곱에게 열두 아들이 있었다. 그가 열한 번째 아들인 요셉을 특별히 편애하는 통에 형제간의 질투와 시기가 발생한다. 요셉이 이집트에 노예로 팔려 가는 기구한 운명 속에 꿈 해몽의 특기로 파라오의 신임까지 받는 재상, 파라오 다음의 제2인자로 출세한다. 7년 풍년과 곧 이은 7년 기근으로 요셉은 이집트의 풍년 곡물을 저장하는 대규모 지하 창고까지 건설한다. 오늘날 이집트 고센 지방의 지하 창고가 이 사실을 역사적으로 증명한다.

[요셉이 지었다고 알려진 이집트 고센 지역 곡물 지하 창고. 약 4천 년 전에 건축된 구조물로 엄청난 양의 곡물 창고로 알려진 곳이다. Credit to Wikipedia]

 7년 기근으로 식량난에 쪼들린 야곱의 전 가족이 요셉의 후광으로 이집트 최고 곡창지대인 고센 땅에 정착하여 살게 된다. 유다인의 이집트 이주는 야곱 일가의 이야기로 창세기부터 자세히 소개되어 있다. 여기서 주목할 사실은 이때를 전후하여 수백 년에 걸쳐 유다인의 이집트 이주가 이루어졌을 것이라는 사실이다. 유다인 이주와 탈출이 모두 여러 번에 걸쳐 있었고, 그중에서도 대표적인 사건으로 야곱 일가의 이집트 이주 건과 4백여 년 후 모세가 인도한 출애굽 탈출 건이 있다.

2단계: 인구 증가(Multiplication)

야곱 일가족 약 70명이 가나안 땅에서 이집트로 집단 이주 하게 된 계기로 많은 히브리인들이 고센 지역으로 이주하게 된다. 비옥한 땅에 상주한 히브리인은 약 400년의 세월을 이방인으로 이집트에 살면서 인구가 수백만 명으로 증가한다. 이 정도 다수의 히브리인이 이집트에 장기간 거주하였는가를 규명하는 고고학적 발굴 연구로 고센 지역 아바리스Avaris 땅에 대규모 유적 발굴 조사가 2020년 현재 진행 중이다. 이곳에서 유다인 특유의 주거 생활을 입증할 만한 유물이 발견되어 주목을 받고 있다.

400년 세월이 지나 이집트의 통치자인 파라오는 요셉의 치적을 모르는 세대가 된다. 오히려 이질적인 유다인의 인구가 자국민에 육박하는 정도에 이르자 히브리인을 위협의 대상으로 간주한다. 드디어 히브리인을 모두 노예로 전락시키고 탄압하기 시작한다. 아브라함 때부터 유다인은 그들만의 고유한 전통인 할례(포경수술, circumcision)를 출생 8일 만의 모든 남아들에게 시행하여 원주민들과 차별성을 갖게 된다.

3단계: 노예 생활(Slavery)

유다인이 번성한 시기는 이집트 신왕조 시대로 대규모 건설공사에 히브리인 노예들을 강제 노역으로 투입한다. 대표적인 작업으로 대형 구조물의 건설에 필요한 벽돌을 진흙으로 만드는 중노동에 노예들이 투입되었다. 노예들을 투입하고 감독하는 거친 일들은 주로 이집트인들의 몫이었다. 「창세기」에 의하면 히브리 노예를 거칠게 다루는 한 이집트 감독관을 혈기왕성한 왕세자 모세가 목격하고 그 감독관을 때려서 죽이게 된다. 졸지에 살인범으로 전락한 모세는 왕궁에서 탈출하여 이집트 영토 밖으로 야반도주한다.

모세가 탈출한 목적지가 과연 어디였느냐가 고고학적으로 풀리지 않는 수수께끼 중의 하나이다. 추측하건대 이집트군의 추격이 불가능한 지역으로 500km 이상 떨어진 시나이반도 동쪽으로 갔을 거라는 추정이 가능하다. 구약성서 「탈출기」에 서술된 모세의 행적으로 보아 시나이반도보다 더 동쪽, 지금의 사우디 타북 지역이 가능한 위치가 된다. 이곳이 바로 성서에 나오는 미디안 지역으로 추리가 가능하다. 모세는 탈출자로서의 위상에서 미디안 지역 사제 예언자인 이트로(Jethro, 또는 Shuaib)의 양 치는 목동으로 변신한다. 이트로의 신임을 얻은 모세는 그의 맏딸 치포라를 아내로 맞아 그 집안 사위로 위상을 굳힌다.

4단계: 대재앙(Judgement)

미디안의 야산에서 목동 일을 하던 모세가 어느 날 호렙산$_{Horeb}$에서 불에 타지 않는 떨기나무를 보고 하느님을 만나게 된다. 이집트에서 노예살이를 하는 동족 유다인들을 탈출시키라는 어려운 주문을 고민 끝에 받아들여 40년 만에 이집트로 돌아간다. 10대 재앙 끝에 맏자식을 희생시키는 단계에 와서야 히브리인 탈출에 파라오 허락이 떨어지며 출애굽의 대이동이 시작된다. 이때 희생양의 피를 문설주에 바른 유다인 집안만 맏배의 희생을 면해 주는 예언이 오늘날까지도 행해지고 있으며, 유다인의 최대 예절인 파스카 축제가 여기에서 유래된다. 바로 이 파스카 축제가 죽음을 이겨 내신 예수 그리스도의 부활과 일맥상통하는 점이다. 멀쩡하던 모든 이집트의 맏자식이 갑자기 싸늘한 시체로 변하던 그날 밤에 양의 피를 문설주에 바른 유다인 가족의 맏이만 죽음에서 면하여 살아난다는 기적의 파스카 사건이 1,500년 후 예루살렘에서 벌어지는 예수의 십자가 수난과 사흘 후 부활하여 죽음을 이기신 사건으로 비유된다.

5단계: 이집트 탈출(Exodus)

이집트 고센 지역을 출발한 유다 민족은 낮에는 구름 기둥, 밤에는 불기둥이 인도하는 방향으로 서서히 동쪽으로 이동한다. 뒤에서 추격하는 파라오의 군대 병거를 피해서 홍해 바다를 맨땅으로 건넜다는 「탈출기」의 기록들이 모두 현대 과학으로 규명하기 어려운 대목들이다. 여기서 모세가 시나이산에 올라 10계명을 받고 내려와 대부대를 이끌고 광야를 무려 40년 동안이나 헤맸다는 기록이 상상을 초월한다.

모세가 대부대를 이끌고 이집트 땅을 출발하여 홍해를 건너고 시나이산을 거쳐 가나안 땅에 이르는 이야기는 고고학적, 과학적 고증과 하느님의 신앙적 기적들이 겹치는 사건으로 맹목적인 믿음을 거부한다. 이 책의 제3부에서 과학적인 부분과 신앙적인 부분을 구별하여 이해하도록 시도한다. 미국 다큐 작가 Tim Mahoney의 다큐 영화를 통한 20년 넘는 추적이 이해를 돕는다. 특히 맨땅으로 홍해 바다를 건넜다는 지점의 위치를 파악하는데 작은 규모의 민족 이동을 가정하는 Egyptian approach와 대규모 민족 이동을 주장하는 Hebrew approach의 가설이 경청할 만하다.*

---

* Egyptian approach는 수에즈 운하 근처의 작은 호수를 건넜다는 주장이고, Hebrew approach는 아카바만의 홍해를 건넜다는 주장이다.

6단계: 가나안 정착(Conquest)

결국 광야에서 40년을 헤맨 히브리인들은 모세를 포함해서 모두 가나안 땅을 밟지 못하고 생을 마감한다. 모세 자신도 120세 되던 해에 가나안 땅이 내려다보이는 느보산Mt. Nebo까지 와서 죽는다. 당초 이집트를 떠났던 민족 대이동이 40년 동안 세대교체를 이루어 광야에서 태어난 신세대만이 약속의 땅 가나안에 들어간다. 유일한 예외가 모세의 후계자인 여호수아만이 히브리 2세들을 이끌고 가나안 땅에 들어간다.

'젖과 꿀이 흐른다'는 약속의 땅 가나안은 히브리인들이 쉽게 차지하기 어려운 땅이었다. 이스라엘을 처음 방문했을 때 내가 느낀 바는 '젖과 꿀'이 흐르는 비옥한 땅이 아니고 정반대의 삭막한 풀 한 포기 없는 황량한 사막지대여서 실망한 기억이 있다. 여기서 '젖'은 사막에 익숙한 양과 낙타의 우유를 칭하고, '꿀'은 오아시스에 무성한 대추야자 열매dates를 칭한다. 히브리인들은 이민족들이 차지하고 있던 성읍들을 제리코Jericho 성에서부터 차례로 하나씩 싸워서 원주민들로부터 빼앗아 입성하게 된다. 이로써 약 500년에 걸친 기근에 찌든 가나안땅에서 이집트로 갔다가 다시 출애굽하여 가나안 땅으로 돌아오는 히브리인들의 대서사시가 마감된다. 오늘 이스라엘의 건국과 유다교의 발상은 모세가 이끈 출애굽 사건으로부터 유래하게 된다.

『모세5경』과 토라Torah

　유다교에서 모세의 위상은 상상을 초월한다. 기원전 15세기경 출애굽에서부터 이스라엘이란 나라의 원형을 세운 원조로서 모세의 역할은 지대하다. 이스라엘로서는 단군 할아버지에 공자를 합친 위상과 같다고나 할까. 모세가 직접 썼다고 믿어지는 『모세5경』과 나머지 구약성서를 합친 총 46장이 유다교의 히브리 경전이다. 이 중 첫 다섯 장인 『모세5경(창세기, 탈출기, 레위기, 민수기, 신명기)』은 각별히 두루마리에 적어 토라Torah라 부르고, 모든 유다교 교회Synagogue에서 최고의 보물로 모신다. 다만 「탈출기」 끝부분에서는 모세의 죽음을 기술한 탓으로 모세가 직접 집필했다고 보기는 어려운 면도 있다. 유다교인이라면 생후 8일 된 어린 사내아이는 철저하게 할례를 받아야 하고 모든 모세의 율법을 따라야 하는 어려움이 따른다. 따라서 지구상에 유다교를 신봉하는 신자 수는 약 1,500만 정도로 제한적일 수밖에 없다. 이 중 약 반수는 이스라엘에, 나머지 반수는 미국, 캐나다 등 외국에 살고 있다.

유다교의 명절, 축제

유다인들은 일 년에 세 번, 곧 유월절逾越節, 칠칠절七七節, 초막절草幕節을 지키는데 모두 모세의 출애굽과 예루살렘 성전을 순례했던 역사에서 유래한다. 그중 가장 큰 축제로 3, 4월 봄철 8일간의 유월절(파스카, Passover) 축제가 있다. 이는 모세의 출애굽 과정에서 이집트의 파라오를 설득하는 과정의 10대 재앙 중 마지막 단계인 첫 자식 맏배의 사망을 피하여 살아남은 것을 기억하는 계기로 이루어진다. 하느님의 지시로 문설주에 희생양의 피를 묻힌 유다인 가족만 이 재앙에서 벗어난 것을 기념하는 축제인 것이다. 희생양의 피를 문설주에 묻힌 집만 첫 자식이 무사히 재앙에서 구제된 사실 $_{passover}$은 유다교에서 특별히 기억하는 시기이다(탈출 12,27). 이 사건으로 출애굽 민족 대이동이 시작된다. 기독교의 부활절과 시기적으로 비슷하고 죽음을 이기신 예수 부활과 의미상으로 유사하다. 또한 모세가 유다교인들에게 가장 존경받는 대상으로 떠오르는 축제이기도 하다. 이날은 모든 유다인 가정에서 누룩이 들어가지 않은 빵을 먹는다 하여 무교절이라고도 한다(탈출 12,15).

칠칠절은 봄에 거두어들인 곡물을 하느님께 바치는 추수감사절로 유월절에서 50일째 되는 날이다. 이날은 모세가 시나이산에서 하느님으로부터 10계명이 적힌 토라를 받은 날이라고 춤추며 기뻐하는 풍습이 있다. 우리의 추석에 해당하는 명질이다. 초막절에는 집 밖에 초막을 짓고 그곳에서 일주일간 지내는 풍습이 있고 토라를 다 읽고 새로 시작하는 날이다. 이날에는 예루살렘의 옛 성전 한쪽 벽인 '통곡의 벽' 앞에 가서 토라 두루마리를 들고 춤추며 행진한다. 이 모든 축제가 모세가 이끌었던 출애굽 사건에서 유래됨은 유다교에서 모세의 위상을 알리는 의미 있는 일이다.

2.3
기독교의 모세 이야기

[이집트 시나이반도 남단에 위치한 현재 알려진 '시나이산'과 카타리나 수도원]

* 출처: Wikipedia(https://ko.wikipedia.org/wiki/) - Joonas Plaan

4세기에 콘스탄티누스 대제는 기독교를 로마제국의 국교로 선포하고 동서 로마제국을 통합하여 통치한다. 신앙심 깊은 그의 모친 헬레나 황후가 황제의 지원을 배경으로 구약성서에서 모세가 10계명을 받았다는 시나이산을 현재의 이집트 땅 시나이반도 현 위치로 공포한다. 어떤 역사적 근거로 이런 결정을 하였는지는 알려진 바 없으나 이를 계기로 이곳의 지명이 '시나이반도'로 굳어지게 된다. 모세의 '시나이산' 이름에서 '시나이'도 바로 이 '시나이반도'에서 유래한다. 출애굽 탈출 사건이 발생한 지 약 1,800년 후의 일이다. 그 이후 이곳에 카타리나 수도원이 설치되고 성서 연구 및 구약 최고의 성지로 인식되어 오늘날에 이르고 있다.

타볼산의 모세 초막

유다교와 차별되는 기독교의 신약성서에도 모세 이야기는 분명하다. 한 예로 십자가 사건 직전에 예수님은 제자 베드로, 야고보와 요한을 데리고 예루살렘 근처의 타볼산Mt. Tabor에 오른다. 유명한 '주님의 거룩한 변모' 사건이 일어난 장소다. 이곳에서 베드로는 예수에게 초막 셋을 지어 하나는 예수, 하나는 모세, 또 하나는 예언자 엘리야에게 바치겠다고 제안한다(마태 17,1-9). 거의 모든 이스라엘 성지순례단이 방문하는 타볼산 정상에 가면 이 '변모' 사건을 기념하는 성당에서 모세의 초막을 확인할 수 있다. 구약을 대표하는 두 선지자로 모세와 엘리야를 지목한 사실을 주목해야 한다.

신·구약 대비 예수 부활과 모세 출애굽 사건

신약성서를 통틀어 최대 사건으로 인식되는 예수 수난과 부활은 기독교 신앙의 지주 역할을 하고 있다. 분명 골고다Golgotha 언덕 위에서 십자가에 처형되고 사흘 후에 부활하신 사건은 역사적으로 추적 가능한 사실로 받아들여지고 있다. 다만 과학적으로 증명이 불가능한 '죽은 이들 가운데서 부활' 사건은 기적이라는 신의 영역으로 인정되지만, 남은 부분은 모두 추적이 가능한 역사적 사실이다. 예루살렘 도시의 한복판에 위치한 부활 성전이 모든 기독교인의 성지순례 목적지가 되는 것도 같은 이치다. 구약성서를 통틀어 최대의 사건으로 모세의 「탈출기」를 인정하는 것도 기독교인들의 일반적인 인식이다. 그렇다면 모세가 주도한 「탈출기」의 모든 과정도 예수 부활과 같은 차원의 역사적인 사실로 받아들여져야 하지 않을까? 사우디와 특별한 인연을 갖게 된 나의 작은 호기심이 역사적인 사실로 규명되기를 바라는 마음이 간절하다. 시대적으로 예수 부활 사건보다 1,500년 정도 앞서 있어 고증이 어려운 점도 있겠으나 불가능한 일은 아닐 것이다.

 기독교 신자들은 신·구약성서를 통틀어서 Holy Bible 경전으로 믿고 있다. 여러 면에서 구약성서와 신약성서를 관통하여 흐르는 개념들을 연계하여 이해하는 것이 전통이다. 그중에서도 신약을 대표하는 예수 십자가 수난과 이어지는 부활 사건과, 구약을 대표하는 출애굽 사건, 10대 재앙 중에 유다인 맏배들의 죽음을 면하여 준 파스카의 신비를 가장 대표적인 사건으로 꼽는다. 오늘날 기독교의 부활 대축일 축제 기간 중에 파스카 축제를 통합하여 모시는 이유도 죽음을 이긴 두 사건의 공통성을 강조하는 면이 있다.

 '파스카'는 본디 유다인들이 이집트의 종살이에서 해방된 것을 기념하는 축제였다. 유다인들은 모세를 통하여 내려진 주님의 명령에 따라, 어린 양이나 염소를 잡아 그 피를 문설주에 바른 뒤 누룩 없는 빵을 먹으며 이집트를 떠날 준비를 하였다. 그날 밤 짐승의 피가 묻은 집은 무사하였지만 나머지는 이집트 왕세자를 포함한 맏배들이 모두 죽는 참변을 당한다. 이에 놀란 파라오는 이스라엘 백성을 내보낸다. 이 구약의 '파스카'는 신약의 예수 부활을 미리 보여 준 사건이다. 가톨릭교회는 이를 "그리스도께서는 특별히 당신의 파스카 신비로 인류를 구원하시고 하느님을 완전하게 현양하는 업적을 이루셨다. 곧 당신의 죽음으로 우리 죽음을 없애시고 당신의 부활로 우리 생명을 되찾아 주셨다."라고 한다. 예수 부활은 그리스도교 신앙의 핵심 중의 핵심이다. 이를 기념하고 재현하는 부활 대축일은 가장 장엄하고 중요한 축일이며 가장 오랜 전통을 지니고 있다. 부활 대축일의 날짜는 유다교의 파스카 축제날과 비슷하고 해마다 조금씩 달라지는데, 그 이유는 초대 교회부터 매년 밤낮의 길이가 같은 춘분 다음에 오는 보름날 뒤의 첫 주일로 정해졌기 때문이다. 이렇게 예수 부활 축일 행사가 모세의 인도로 이루어지는 출애굽 사건 중 파스카 축제의 신비와 결합하여 인식한다는 사실이 모세를 이해하는 데 도움이 된다.

사도 바오로와 시나이산

예수의 열두 제자는 아니지만 기독교 초창기에 가장 중요한 인물로 사도 바오로를 꼽는다. 그는 유다인이면서 유식한 로마 시민으로 예수와 동시대 인물로 초기에는 기독교인들을 잡아가고 박해하는 악역으로 나오다가 극적으로 기독교에 귀화하여 초기 기독교의 세계화 포교에 공이 큰 인물이다. 예수의 열두 제자는 대부분 무학

력으로 문맹의 어부나 서민들이었음에 반해 사도 바오로는 히브리어, 그리스어, 라틴어에 능통한 지식인으로 신약성서의 대부분이 그의 필적으로 남아 있다. 바로 그가 1세기경에 시나이산을 찾아갔고 그 기록을 신약성서에 남긴 사실이 주목할 만하다.

신약성서를 통틀어 '아라비아'라는 단어가 딱 두 번 나오는데 사도 바오로가 갈라티아 지역 교회로 보낸 서한 중 갈라티아서 1장 17절과 4장 25절에 나온다.

또 나보다 먼저 사도가 된 사람들을 만나려고 예루살렘으로 가지도 않았습니다. 나는 곧바로 아라비아로 갔다가 다시 다마스쿠스로 돌아갔습니다. (갈라 1,17)

하갈은 아라비아에 있는 시나이 산을 가리키는데 그것은 지금의 예루살렘에 해당합니다. 현재 예루살렘은 그 시민들과 함께 종노릇을 하고 있으니 말입니다. (갈라 4,25)

여기서 '아라비아'라는 지명이 지금의 아라비아반도를 칭하는지는 분명치 않으나 사도 바오로가 아라비아의 시나이산을 칭한다는 사실은 분명하다. 그러나 이 성서 구절을 지금 다시 읽어 보아도 사도 바오로가 실제로 시나이산에 올라갔었다는 단서는 잡히지 않는다. 다만 그의 신앙심이 모세와 엘리야가 올랐다는 시나이산 현장을 둘러보고 한층 더 깊어지지 않았을까 짐작할 따름이다. 여기서 시나이산이 지금의 예루살렘에 해당한다는 어귀는 얼핏 이해가 안 되는데, 다만 현재 사우디아라비아의 시나이산으로 추정되는 라오즈산의 위치가 경도상으로 예루살렘과 일치한다. 지리적으로 라오즈산과 예루살렘이 같은 경도상으로 남북 거리 400km 일직선상에 있다.

워싱턴 미 대법원 건물의 모세상

기독교 국가로 탄생한 미국에서도 모세의 실존을 확인할 수 있다. 1936년 수도 워싱턴에 건축된 대법원US Supreme Court 건물 동쪽 정면 처마 부위에 모세의 조각상이 정가운데에 모셔져 있다. 놀랍게도 모세의 좌측에는 중국의 공자Confucius 조각상을, 우측에는 그리스의 솔론Solon 조각상을 모셔 놓았다. 지구상의 율법을 대표할 만한 동서양 율법 창시자의 3대 대표 인물로 모세와 공자, 솔론을 인식한다니 그 의미가 크다. 그가 하느님에게서 받았다는 10계명을 서양 율법의 모태로 받아들인다는 상징적인 의미가 된다.

[미국 수도 워싱턴 DC 미 대법원 건물 동쪽 정면 처마]*

[위 사진 중앙 부위 확대: 정가운데 모세가 양손에 10계명 언약판을 들고 있고, 좌측이 중국의 공자상, 우측이 그리스의 솔론상이다.]**

---

* 출처: Wikipedia(https://ko.wikipedia.org/wiki/) - Simon Dodd
** 출처: flickr(https://www.flickr.com/) - David

오늘날 세계 유일의 최강대국으로 자타가 인정하는 미국은 18세기 영국의 식민지에서 독립한 신생국이었다. 영국과 유럽의 전제군주국 체제에서 과감하게 빠져나온 청교도Pilgrim fathers들이 세운 이상적인 나라이다. 청교도란 개신교 중에서도 근검, 절약, 노동, 봉사를 가장 중요한 미덕으로 아는 장로교, 감리교, 침례교, 칼빈교 교도들이다. 종교의 핍박을 벗어나려고 세운 나라이었기에 미국은 정치와 종교의 분리를 신생국의 모토로 삼았다. 종교의 자유를 보장하면서도 자본주의 시장경제를 만끽하는 나라가 되었다. 이들이 이룩한 3권 분립의 상징인 사법부의 최고 법원인 대법원 건물 외벽 중앙에 모세상을 모셔 놓은 사실을 새삼 주목할 필요가 있다.

2.4
이슬람교의 모세 이야기

예수와 무함마드의 족보

   나는 튀르키예의 이스탄불에 매료되어 비엔나 근무 시절 주말여행으로 혼자 배낭을 메고 이스탄불을 여러 번 찾아간 적이 있다. 본래 동로마제국 비잔틴의 천년 수도로 관록을 자랑하던 이곳이 15세기 말 오스만 제국의 정복으로 이슬람 세계로 둔갑한다. 이를 상징하는 소피아 대성당이 외부는 그대로 두고 내부만 이슬람 성전 모스크로 개조되어 오늘날까지 내려오고 있다. 워낙 유명한 성당 건물이라 오스만 제국도 이에 필적할 만한 이슬람 모스크를 맞은편에 지어 놓은 것이 Blue Mosque로 이 또한 유명세를 자랑한다.

2006년 이곳을 방문했을 때 이 Blue Mosque 사원 건물 정원 내벽에 이슬람과 기독교에서 신앙의 선조로 모시는 아브라함의 족보를 영어로 대문짝만하게 적어 놓은 것을 보았다. 아브라함에게는 둘째 부인 하갈의 자식인 이스마엘이 첫아들로 태어나고 그의 직계 손으로 이슬람의 창시자인 무함마드가 태어난다. 아브라함의 본처 사라는 이스마엘보다 14년 후에 이삭을 낳고, 이삭의 5대 손이 모세이며, 아브라함의 42대 손이 예수라는 사실을 명시한 족보였다. 놀랍게도 이스탄불 Blue Mosque를 방문하는 수많은 관광객들에게, 물론 기독교인도 포함하여, 유다교, 기독교, 이슬람교는 사촌간이라는 사실을 명백히 알려 준다. 나도 그렇다고는 알고 있었으나, 이슬람을 대표하는 최고의 사원 건물 벽에서 이렇게 분명하게 아브라함, 모세, 예수, 무함마드의 족보를 보게 되리라고는 미처 몰랐었다. 한국 기독교 측에서는 이스마엘이 후처의 자식이니 정통성이 적자인 이삭보다 떨어진다고 생각하는 편이다. 허나 중동에서 살아 본 나의 경험으로 부인을 4명까지 합법적으로 가지는 풍습이라 우리 같은 본처·후처, 적자·서자의 차별이 중동 문화에는 존재하지 않는다.

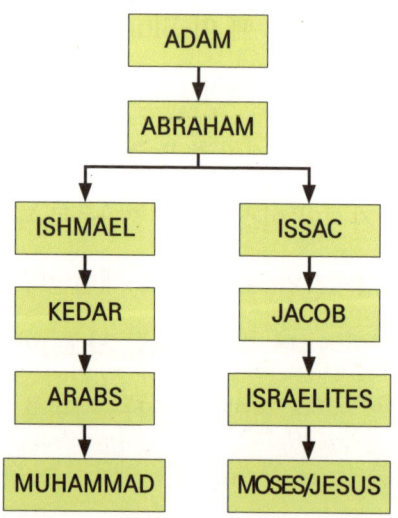

[예수와 무함마드는 같은 아브라함의 자손임을 보여 주는 족보. 이스탄불의 Blue Mosque 내벽에 붙어 있다.]

모세의 장인 이트로

  기독교와 이슬람이 사촌 종교라는 사실은 신앙의 선조인 아브라함의 족보상으로 두 아들 이스마엘과 이삭이 같은 뿌리에서 내려왔다는 것에서 이미 잘 알려진 사실이다. 그러나 이슬람의 경전인 쿠란에 모세에 대한 서술이 무려 135회나 등장한다. 모세의 탄생에서부터 그가 이집트 왕실에서 자라다가 미디안의 목동으로, 거기서 일약 유다 민족 대이동의 주인공으로 다시 등장하는 이야기가 비교적 자세하게 쿠란에 수록되어 있다. 우리에게 생소한 쿠란을 소개하기 전에 모세가 아랍인의 시각에서도 탁월한 예언자로 부각되는 사유를 이해할 필요가 있다.

모세 나이 40이 되던 해에 이집트를 떠나 아랍인들이 미디안 지역으로 도피하는 이야기에서 시작한다. 그가 미디안에서 처음 만나는 사람이 아랍인 예언자 이트로와 그의 가족이다. 후일 이트로의 맏딸 치포라와 결혼하여 미디안 목동 모세는 든든한 유지 가문의 사위로 위상을 굳힌다. 여기서 미디안의 사제 예언자 이트로(아랍명 슈아이브)를 이해할 필요가 있다. 그는 쿠란에 11회나 언급되는 구약 시대의 아랍 지도자로 구약성서 「탈출기」에 등장하는 이트로와 동일 인물이라는 것이 정설이다. 쿠란에는 아담에서부터 모세, 예수, 무함마드까지 모두 29명의 예언자가 등장하는데 그중에서 아랍계 인사로 미디안 지역의 대표 예언자로 슈아이브를 꼽는다.[*] 그만큼 아랍 세계에서는 인지도가 높다는 말이다. 그가 살았다는 지역이 지금의 사우디 타북주 Al Bad로 페트라를 세운 나바티안 부족의 유적이 많이 남아 있는 지역이다. 필자가 2023년 이곳을 방문해 보니 슈아이브가 살았다는 동굴 가옥과 나바티안식의 무덤, 그리고 모세의 우물로 불리는 샘터가 남아 있었다.

---

[*] Kathir 저 *Stories of the Prophets* 11장 Prophet Shuaib 참조

여기서 이트로라는 인물을 주목할 필요가 있다. 그는 일명 슈아이브로 알려진 아랍인의 대예언자로 쿠란에 명시되어 있다. 모세와 동시대의 인물이니 6세기 무함마드가 이슬람을 창설하기 전의 인물로서 범아랍인들에게 존경받는 인물인 듯하다. 후일 모세가 2백만에 달하는 민족 대이동을 지휘할 때 이트로는 몸소 모세를 찾아가 운영하는 방식을 조언해 줄 정도로 두 사람은 가까운 사이였고 중요도를 지닌 인물임에 틀림이 없다.

[Al Bad시 주변에 산재한 나바티안식의 동굴 주거와 묘지 유적. 이곳이 이트로의 주거 활동 무대이다.]*

구약성서 「탈출기」 18장 1~27절을 보면 장인 이트로가 모세가 끌고 온 수백만 명의 히브리 난민들을 제대로 관리하는 요령을 자

* 출처: Wikipedia(https://ko.wikipedia.org/wiki/) - بندر الحويفي(Bandar Al-Huwaifi)

문하는 대목이 나온다. 광야에서 40년씩이나 헤매는 워낙 많은 수의 유다인들을 효과적으로 관리하기 위해 12지파로 나누고 이들의 책임자를 세워 권한과 책임을 이양한다는 내용이다. 요즘 말로 하면 경영의 ABC를 도입한 듯하다. 아랍인들의 시각에서 모세를 무함마드와 예수 다음으로 중요한 예언자로 인정하는 사고도 예언자 이트로가 모세의 광야 40년 운영관리 과정에서 스승의 역할을 했다는 사실에서 짐작할 만하다.

쿠란 속의 모세 이야기

　쿠란이라는 이슬람 경전은 기독교 성경에 비해 다른 점이 많다. 쿠란은 총 114장Surat으로 구성되어 있고 전체가 무함마드 본인이 생전에 20여 년에 걸쳐 산상 동굴에서 가브리엘 천사로부터 구두로 전해 들은 내용을 제자들이 기록한 문서다. 무함마드 자신은 글을 읽고 쓰지 못하는 문맹자로 알려져 있으나 기억력이 뛰어나 전날 가브리엘 천사에게 들은 내용을 다음 날 제자들에게 정확하게 암송하면서 아랍어로 기록되었다 한다. 따라서 쿠란은 필히 아랍어로만 쓰여 있고 7세기 무함마드 사후에 처음 집대성한 경전으로 오늘날까지 번역이나 변화 없이 내려오고 있다. 다른 외국어 번역판은 오직 쿠란의 해설서에 불과하고 원본은 아랍어본만이 이슬람 경전 대접을 받는다. 기독교 성경이 수백 년에 걸쳐 히브리어에서 희랍어로, 다시 라틴어로 편집되고 세계 각국어로 번역되는 과정에서 필연적으로 발생하는 오류 문제점들과 대비되는 대목이다.

이 쿠란 속에 의외로 모세에 대한 언급이 무수히 등장한다. 알려지기로는 총 135회나 모세 관련 문장들이 쿠란에 서술되어 있다고 한다. 모세는 무함마드 다음으로 쿠란에서 가장 많이 인용된 인명이라니 놀라운 사실이다. 다만 구약성경 「탈출기」와 같이 그의 생애를 체계적으로 소개하지 않고, 쿠란 전체에서 주제별로 모세를 단편적으로 서술하는 점이 다르다. 왜 이슬람에서 모세를 그렇게 중요한 인물로 인식하고 있을까? 아마도 무함마드가 살았던 7세기 중동 지방에서 자신을 최후의 예언자로 인식하는데 본인 이전에 모세를 최대의 예언자로 자리매김하는 인상이다. 쿠란에 대한 나의 지식도 한계가 있어 대전에 근무하는 사우디 엔지니어 중에 이슬람 신심이 돈독한 친구에게 쿠란에 나오는 모세 관련 문장들을 간추려 달라 부탁하였다. 이 중에서 대표적인 모세의 업적으로 알려진 '홍해 건너기'와 시나이산에서 받았다는 '10계명' 부분을 간략히 소개한다.

예언자 요나의 바닷속 고래 이야기를 다룬 쿠란 제10장(Surat 10:90-92, 요나Jonah)에는 유다인이 홍해를 맨땅으로 건넌 후 파라오의 군대가 모두 수장되었다는 내용이 소개된다. 시나이산에서 모세가 받은 10계명 중에 '살인하지 말라', '남의 재산을 탐내지 말라'는 계명이 쿠란 제6장(Surat 6:151-152, 소The Cattle)에 소개된다. 이외에도 단편적인 모세 이야기가 쿠란 곳곳에 나타난다. 쿠란에는 기독교 신구약에 등장하는 아담에서부터 모세, 예수와 무함마드까지 모두 29명의 예언자를 언급하고 있다. 다만 예수의 신성을 인정하지 않고 예언자로 다루는 점이 특이하다.

라마단과 사순절

이슬람 달력으로 매년 9월은 라마단 성월聖月이다. 전 세계 무슬림들은 이 한 달 동안 해 뜰 때부터 해 질 때까지 단식과 금욕을 실천한다. 중동에 살 때 이 한 달간은 우리 같은 비무슬림들도 이들의 분위기에 맞추어 점심을 단식하고 식사 시간을 조절했던 기억이 있다. 기독교에서도 부활 대축일 직전의 40일간을 사순절이라 하고 단식, 금욕, 기도와 자선을 권장한다. 차이점은 이슬람의 라마단 모든 계율이 기독교보다 훨씬 더 철저하게 지켜지고 있다는 사실이다. 현대 생활에 쫓기고 바쁘기는 기독교도나 무슬림들이나 마찬가지이겠지만 이슬람의 라마단 기간 중에 율법을 어기는 무슬림을 찾아보기 힘들었다. 내가 중동에서 생활하던 6년 동안 6번 겪어 본 라마단 한 달 동안 주위 모든 무슬림 친구들이 꾀를 부리고 낮 시간 동안에 무엇을 먹거나 마시는 일을 본 적이 없다. 추측하건대 라마단의 독특한 단식, 금욕, 기도와 자선의 풍습은 아마도 초기 기독교의 부활 사순절 예식에서 가져오지 않았을까 짐작해 본다. 라마단의 시기는 매년 11일 정도씩 앞당겨지기 때문에, 6월 낮의 시간이 가장 긴 때와 겹치면 단식의 시간이 하루 16시간까지 늘어나 힘들었던 기억이 있다.

제3부

사우디의 시나이산,
어디까지가 사실일까?

3.1
라오즈산을 세 번씩이나

[홍해의 북쪽 끝, 시나이반도를 양쪽으로 수에즈만과 아카바만이 갈라진다. 사우디의 서북쪽 끝에 있는 미디안 땅 안에 필자가 세 번씩 다녀온 라오즈산이 있다. Credit to Patterns of Evidence]

구약성서 「탈출기」에서 가장 중요한 대목은 아마도 모세가 이끄는 유다인 무리가 홍해를 건너서 시나이산에 오르며 10계명을 받았고 이 산 밑에서 1년 가까이 머무르면서 유다인 무리를 정비한 사실일 것이다. 예수 부활이 신약을 대표하는 최대 사건이었다면, 시나이산에서 받았다는 10계명은 구약을 대표하는 최대 사건으로 자리매김한다. 이 시나이산의 정확한 위치는 수백 년 동안 학자들 간에 논의되었으나, 확실한 결론이 아직 나지 않은 사안임에 틀림이 없다. 어떤 이들은 "시나이산의 위치가 왜 그리 중요하냐?", "여기면 어떻고 저기면 어떠냐?", "3천 년도 넘은 까마득한 옛일을 가지고 과학적으로 따질 수도, 그럴 필요도 없고 다만 10계명이 주는 의미만 제대로 알면 되지 않느냐?"라는 이야기를 하기도 한다. 물론 그런 주장에 어느 정도 공감이 가나 나와 같은 과학도에게는 그래도 석연치 않은 구석이 있다. 예루살렘 성지순례를 다녀와서 예수의 십자가 처형과 부활하셨다는 장소에 가 보고서야 내가 믿는 기독교가 대단하다는 신심이 생기던 기억이 있다. 같은 이유로 구약의 최대 사건인 진짜 시나이산을 올라갈 수 있다면 나같이 신심이 약한 신자들에게도 신앙심을 한 차원 올리는 믿음을 심어 줄 수 있지 않을까?

지금까지 인류는 구약성서의 가장 큰 사건인 「탈출기」 이야기 중 모세가 10계명을 하느님으로부터 받았다는 시나이산의 위치를 현이집트 땅 시나이반도 남단이라고 믿어 왔다. 비로 성 가트린Saint Catherine 수도원이 있는 모세산Jebel Musa을 시나이산으로 믿어 왔다. '시나이반도'라는 지명 자체도 시나이산이 위치한 반도라는 뜻에서 유래한다. 동로마제국의 초대 황제 콘스탄티누스 대제의 모친인 헬레나 황후의 노력으로 서기 4세기경부터 시나이산은 시나이반도에 위치하는 것으로 믿어 왔다. 그러나 결정적인 허점은 구약성서 두 번째 장인 「탈출기」의 내용과 시나이산의 지리적 위치가 너무나 맞지 않는다는 사실이다. 성서고고학자들 간에도 시나이산의 위치 후보지로 10여 곳이 알려졌지만 이 사실을 체계적으로 규명하려는 노력은 미약한 편이었다. 지난 십수 세기 동안 전통적으로 믿어 왔던 곳이니 무조건 믿고 따르는 것이 수월한 입장이었다.

이스라엘의 시나이반도 통치 15년

그러다가 결정적인 사건이 발생한다. 바로 '6일 전쟁'으로 알려진 1967년 제3차 중동전쟁(1967.6.5.~6.10.) 결과 승전국 이스라엘은 패전국 이집트로부터 시나이반도 전체의 영토를 전리품으로 확보한다. 지금까지 중동전쟁의 결과로 이스라엘이 예루살렘 도시의 일부, Golan Heights, West Bank 등 영토를 주변 아랍국으로부터 빼앗은 사실로 보아 시나이반도 전체를 확보한 사실은 또 하나의 이스라엘 영토 분쟁의 씨앗이었다. 시나이반도를 차지한 이스라엘은 자국의 최고 권위를 자랑하는 성서고고학자, 지질학자 등을 총동원하여 이 지역 전체를 샅샅이 조사 발굴하여 모세의 출애굽 흔적을 찾아 나섰다. 이스라엘로서는 건국 신화를 과학적으로 증명할 수 있는 절호의 기회라 할 수 있었다. 그러나 더욱 놀라운 사실은 시나이반도 통치 15년이 경과한 1982년 이스라엘 당국은 이곳에서 어떤 출애굽 흔적도 발굴하지 못하였다는 짧막한 성명과 함께 시나이반도를 통째로 조건 없이 이집트에 반납하였다는 사실이다.

 이로써 이집트와 이스라엘 간에는 평화조약이 체결되고 그 공로로 이집트의 안와르 사다트 대통령과 이스라엘의 메나헴 베긴 수상은 1978년 노벨 평화상을 받게 된다. 필자가 이 사실을 알게 된 것은 최근의 일로 시나이반도 내에 위치한 시나이산이 진짜 시나이산이 아닐 수 있겠다는 의구심이 일어났다. 이스라엘로서 자기들 국가의 기원에 해당하는 모세의 출애굽 사건과 관계된 물증을 얻을 수 있는 절호의 기회를 놓칠 리가 없다. 그럼에도 불구하고 시나이반도 전체를 통째로 이집트에 반환했다는 사실이 나의 의구심을 더욱 부채질하였다.

또 한 가지 최근 들어 중요한 중동 안보 상황의 변화는 이스라엘과 사우디의 관계이다. 전통적 앙숙 관계인 사우디와 이스라엘이 2020년 아브라함 협정 이후 정상화의 길로 가고 있다. 우선 UAE, 바레인이 이스라엘과 국교 정상화를 합의했고, 향후 사우디도 이스라엘과의 국교 정상화를 모색하는 모양새다. 원수의 원수는 친구라 했던가? 여기에 더 큰 변수로 이란과 사우디가 2023년부터 정상화를 선언하고 나섰다. 향후 중동의 강자 이란과 사우디가 어떤 외교 행보를 보일지 주목되는 부분이다. 사우디의 북서부 타북 지방이 고대부터 미디안 땅이라고 알려져 있고, 이 안에 시나이산이 위치할 가능성이 있다면 향후 이 지역의 발전 전망은 상상을 초월한다.

미국의 다큐 영화 제작자 Tim Mahoney는 2000년대 초부터 모세의 출애굽 이야기를 과학적으로 증명하려는 노력으로 꾸준히 다큐 영화를 제작하고 출시해 왔다. 어려서부터 독실한 기독교 가정에서 자라난 그는 성서의 내용, 특히 구약성서 초반의 『모세5경』의 내용이 무조건 진실이라 믿었다. 그러다가 「탈출기」의 내용 중에 어디까지가 역사적으로 고증할 만한 사실이고, 어디서부터 신의 기적에 해당하는가를 구분해야 좀 더 신앙의 본질에 가까워진다는 데 착안하게 된다. 그래서 나온 것이 'Patterns of Evidence'라는 인터넷 그룹을 형성하고 전 세계의 성서고고학계 석학들을 찾아다니며 인터뷰한 내용을 모아 지난 20년간 다큐 영화로 제작하였다. 필자도 사우디 근무하던 시절부터 그의 다큐들과 접하면서 많은 공감을 얻게 되었다.

특히 시나이산의 위치를 추적하는 2022~2023년 최신작에는 6개의 위치로 압축하여 세계의 유명한 성서고고학, 지리학 석학들을 총동원하여 2023년 최종 후보지로 사우디의 라오즈산 일대를 Patterns of Evidence 제1의 유력 후보지로 선정 발표한 바 있다. 필자는 사우디와의 특별한 인연으로 그곳에 근무할 때와 2018년 귀국한 후에 도합 세 차례에 걸쳐 라오즈산 일대를 탐방 답사한 바 있다. 이미 언급한 대로 필자는 고고학자도 성서학자도 아닌 가톨릭 평신도로 호기심 많은 과학도일 뿐이다. 따라서 이 책에 나오는 내용은 어느 위치가 진짜 시나이산이고 어디는 가짜라는 것을 밝히는 것이 목적이 아니고 단순히 내가 다녀 본 장소들의 현지답사기, 기행문에 불과하다는 점을 밝혀 둔다.

2023년 8월 Patterns of Evidence에 시나이산의 위치를 지리학적 관점에서 심층 분석한 미국 지리학자 Dr. Glen Fritz의 강의록 "Searching for the Mountain of God"이 있다. 그는 다양한 측면의 검토결과 사우디의 라오즈산과 그중 막클라봉이 출애굽 탈출기에 적혀 있는 시나이 산에 가장 가깝다는 결론을 내린 바 있다. 이런 결론을 내리기까지 막클라봉 입구의 모세의 제단, 그 주변의 수자원 우물터, 집단 공동묘지 터 등을 정밀 분석하여 지질학적 관점에서 시나이산의 위치를 추정하였다.

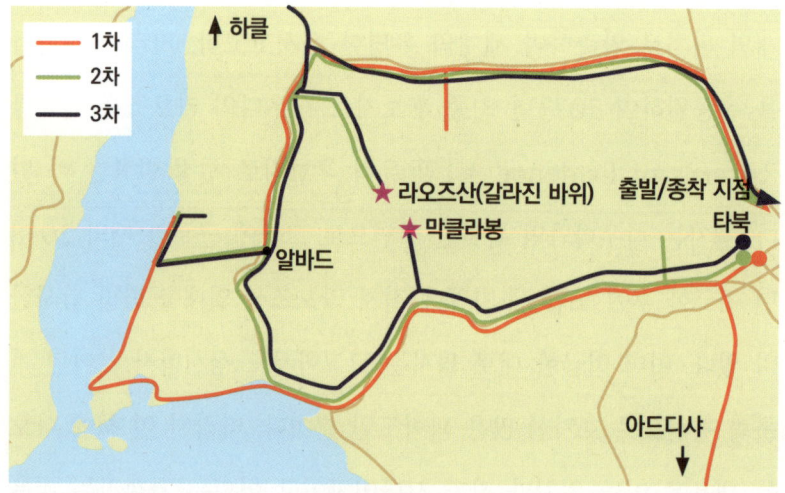

[세 차례에 걸친 사우디 북서부 라오즈산 일대 등반 지도. 라오즈 산맥에는 해발 2,000m 넘는 봉우리가 수십 개나 되고 그중 시나이산이라 일컫는 막클라봉은 라오즈산 정상에서 5km 남부에 위치함. 모세 우물, 엘름 오아시스, 모세 제단, 금송아지 제단, 공동묘지 터, 르피딤 갈라진 바위, 엘리야 동굴 등이 막클라봉 주위에 위치한다.]

3.2 첫 번째 라오즈산 도전(2015.4.)

　리야드에 근무하던 시절 2014년 어느 날 *Beautiful Saudi Arabia*라는 주제의 사진 전시회 겸 출판기념회를 찾아볼 기회가 있었다. 리야드 외국인 학교에서 가르치는 젊은 독일인 부부가 사륜구동차로 사우디 전국을 누비며 찍은 사진들이었다. 호기심에 사우디에서 가장 가 볼 만한 경치 좋은 곳이 어디냐 물었더니 두말 않고 서북부 타북 지역을 가 보라 추천하였다. 과연 사진으로만 보아도 기암괴석과 물 흐르는 계곡에 초목이 울창한 사진들이 여기가 사우디인가 의심이 갈 지경이었다. 여기에 금상첨화로 홍해 바다 밑 경치가 끝내준다는 말도 잊지 않았다. 아라비아반도 육상의 모든 만물은 초목 한 그루 없는 황량하기 그지없는 삭막한 사막 지대이나 홍해 바다 밑으로 내려가면 산호초와 열대어의 천국이니 스

쿠버나 스노클링으로 꼭 시도해 보라는 권고였다. 이때부터 작심을 하고 리야드에 살며 오지 여행을 좋아하는 이규만, 차영신 친구 부부와 함께 계획을 세우게 되었다.

 2015년 봄, 이때만 해도 아라비아반도의 서북부 타북 지역은 오지로 여겨져 이 나라 사람들도 잘 안 가는 변방 지역으로 여행의 인프라가 전혀 안 통하는 곳이었다. 도로망과 숙박 시설이 미비하고, 영어가 안 통하고 아랍어만 통하는 지역이었다. 우선 리야드에서 비행기로 서북부 쪽으로 두 시간, 타북 공항에 내려 사륜구동차 한 대를 빌렸다. 여행지 이정표가 제대로 표시되어 있지 않고 더구나 영어는 까막눈인 지역이라 숙식부터 해결하기가 쉽지 않았다. 그래도 친구의 GPS 덕에 간신히 몇 군데 명승지를 찾아가는 데 성공하였다. 그중 아드 디샤 Ad Disha 계곡은 과연 사우디의 금강산이라 칭해도 좋을 정도로 기암괴석과 계곡이 장관이었다.

[타북주 아드디샤 계곡의 만물상, 사우디 제1 비경]

[풍화작용으로 버섯 모양의 사암을 떠받치는 모양의 이규만 포즈가 진풍경을 이룬다.]

[아드 디샤 계곡은 기암괴석이 만물상을 이룬다. 계곡에는 마르지 않는 개울과 온갖 야생화가 만발한다. 사우디에 이런 지역이 있다는 사실이 놀랍다.]

[라오즈산 중턱에서 발견한 아몬드 나무 한 그루와 필자. 아랍어로 '라오즈'란 견과류 '아몬드'란다.]

여행 중에 만난 현지 베두인들을 통해 알게 된 사실은, 이 지역에 모세와 관련된 지명이 많다는 사실이다. 모세의 샘Ain Musa, 모세의 산Jebel Musa, 모세의 계곡Wadi Musa 등등. 모세가 이집트에서 도망 나와 40여 년간 살았다는 지명도 미디안 땅으로 바로 타북의 서쪽 홍해변을 칭하는 지명이란 사실도 처음 알게 되었다. 구약성서의 「탈출기」에 나오는 모세의 처가 장인 이트로의 본고장도 바로 이곳 알 바드Al Bad 지역이다.

내친김에 모세가 올랐다는 제일 유명하다는 시나이산도 이 근처일 것이라 믿고 라오즈산Jebel Al Lawz 일대를 찾아보았다. 놀랍게도 이 산악 일대는 철조망으로 '군사지역'이라는 푯말과 함께 접근이 철저하게 통제되고 있었다. 이유인즉 라오즈산 정상에 설치된 레이더 기지가 군사 시설이라 출입이 어려웠기 때문이다. 이렇게 2015년 필자의 제1차 타북 지방 답사는 경치 좋은 아드 디샤 계곡과 그 후 홍해 밑 스노클링 탐사로 자연 경치 발견에 만족할 수밖에 없었다. 이 좋은 경치를 귀국하기 1년 전에야 발견한 아쉬움과 함께. 미디안 지역에서 가장 높다는 라오즈산은 거대한 산맥으로 해발 2,000m가 넘는 정상과 계곡이 수십 군데는 된다는 사실을 확인하고 후일을 기약할 수밖에 없었다. 라오즈산은 우리나라 지리산 정도의 거대한 규모의 고산지대라 그중 어디가 과연 시나이산인지는 도저히 가늠하기 어려웠다. 미디안 지역이란 곳을 홍해변까지 가보고 해변가 멀리서 이집트 땅을 바라보는 것으로 만족할 수밖에.

[사우디 측 홍해변에서 만난 이름 모를 난파선. 이 위치가 일부에서 주장하는 모세가 맨땅으로 홍해를 건넜다는 이집트 측 누웨이바 비치의 반대쪽인 사우디 측 얕은 해변가이다.]

그 후 홍해변의 바다 밑 해저 탐험을 할 기회가 있었다. 그중에도 사우디 서쪽 끝과 마주 보는 이집트의 샴엘셰이크Sharm El-Sheikh 지역은 세계적으로도 유명한 해상 국립공원으로 스쿠버나 스노클링을 할 수 있는 모든 인프라가 잘 갖추어진 곳이다. 육상에는 풀 한 포기 없는 황량한 사막 지역이지만 해저는 상상을 초월하는 열대어와 산호초의 천국이었다.

아카바만Gulf of Aqaba을 끼고 사우디의 미디안 지역과 이집트의 시나이반도는 불과 16km 정도 떨어져 같은 홍해 청정 바다를 공유하고 있다. 사우디도 언젠가는 이집트와 같이 해상 관광 인프라를 갖추게 되면 엄청난 국책 사업으로 발돋움할 전망이 보였다. 필자는 이 지역에서 스노클링만 해 보았는데도 해저 삼매경에 매료되어 시간 가는 줄 몰랐다. 이집트 쪽 홍해변으로 조금 내려가면 세계적인 관광지 후루가다Hurghada가 있다. 필자도 비엔나 근무 시절 이곳 후루가다에서 휴가를 지내며 겨울 휴양지로 유럽 사람들의 최고 인기 지역임을 실감한 적이 있다.

[사우디 미디안 지역 홍해 바다 밑은 청정 해역으로 산호초와 열대어 천국이다.]

[이름 모를 열대어의 모습도 천태만상이다. 해저 다이빙 마니아의 천국이라 할 만하다.]

3.3
두 번째 라오즈산 도전(2019.12.)

    타북 지역 2차 답사는 사우디에서 귀국한 후 2019년 12월에 이루어졌다. 이때는 사우디 정부의 eVisa가 처음 실행되던 때이고 마침 대전에 파견 나와 연수 중인 젊은 사우디 기술자 중에 자기 고향이 타북이라는 Fares Al Blouwy가 특별히 나와 가까운 사이가 되었다. 이 친구가 휴가로 고향으로 귀국하는 길에 라오즈산을 직접 안내해 주겠다 해서 이루어졌다. 리야드에서 잘 알고 지내던 지인 두 분 이규만, 성기병 씨도 이 여행에 합류하였다.

    타북 공항에서 사륜구동 렌터카로 무장하고 사우디 현지인의 가이드를 받으며 라오즈산으로 향하였다. 의외로 라오즈산의 최고봉은 해발 2,500m가 넘는 고산지대에다가 우리나라 지리산 정도 되는 큰 산맥에 2,000m 넘는 봉우리만도 수십 개에 달하였다. 그만큼 라오즈산은 거대한 산악지대로 관광 인프라가 전혀 없는 지역을 찾아가기란 거의 불가능에 가까운 도전이었다. 더구나 우리를 안내한 분들이 아랍 친구들인지라 기독교의 10계명과 관련된 모세의 시나이산에 대해서는 전혀 아는 바가 없는 터이었다. 그나마 모세가 지팡이를 쳐서 갈라진 바위Split Rock가 라오즈산 북쪽에 위치한다는 필자의 얕은 지식으로 그 많은 라오즈산 계곡들을 찾아 헤매었다.

천신만고 끝에 이틀 만에 성서의 르비딤Rephidim 지역의 갈라진 바위Split Rock를 찾는 것으로 만족해야만 했다. 높이가 15m나 되는 거대한 사암 바위가 정가운데에 칼로 두부 자르듯 갈라진 것이 신기하거니와 주변 바위들의 둥글둥글한 모양이 마치 대량 물의 방출로 닦여진 물의 침식 현상으로 보기에 충분하였다.

[타북 공항부터 우리를 사륜구동차로 맞이해 준 Fares와 그 친구들. 공항 벽의 MBS 왕세자, 이븐 사우드 초대 국왕, 현 살만 국왕 초상화]

[라오즈산 밑에서 사우디식 만찬의 타북 친구 Fares와 이규만, 성기병과 함께]

관광 인프라가 전혀 안 되어 있는 이곳을 찾아가기란 매우 어려운 일이었다. 뜻밖에도 지난 3년간 스마트SMART 원전 예비 설계 사업으로 한국에 나와 대전에서 같이 근무했던 사우디 기술자 Fares Al Blouwy 친구의 고향이 타북이었다. 그가 사우디 귀국 후 2019년 필자를 초대해서, 사륜구동차에 태우고 앞장서서 안내해 준 덕에 미디안 땅에 남아 있는 모세의 흔적으로 알려진 곳들을 일부 찾아볼 수 있었다. 이 중 라오즈산 근처에서「탈출기」17장과 일치하는 '르비딤의 반석Split Rock of Rephidim'의 발견이 나에게는 백미에 속한다.

[「탈출기」17,6의 내용과 일치하는 '르비딤의 반석Split Rock'이 구약성서의 내용과 시나이산이 사우디에 존재한다는 물증으로 인식되기도 한다. 높이 15m 반석의 중앙을 칼로 자른 듯, 엄청난 양의 물이 솟구쳐 나와 주변 바위의 둥글게 마모된 모습도 경이롭다.]

이 중에서 내 눈으로 직접 확인했던 부분은 「탈출기」 17장 1-7절의 기록이다. 모세를 따라온 민중들이 마실 물이 없어 목마르다고 불평하니 모세가 하느님의 계시로 호렙산Mount Horeb의 르비딤Rephidim 지역의 한 바위를 지팡이로 치자 엄청난 생수가 쏟아져 나와 민중이 모두 해갈하였다는 대목이다. 「탈출기」의 호렙산은 현재 미디안 지역의 라오즈산에 해당한다.

르비딤의 반석, 거대한 바위는 현재 라오즈산 서북부 산등성 광야에 위치한 중앙이 수직으로 갈라진 'Split Rock'으로 그 모양이 경이롭다. 라오즈산은 타북주의 수도인 타북시에서 정서쪽으로 100km 정도에 위치하고, 이곳이 진짜 시나이산이라는 새로운 학설이 나올 정도로 주변 역사적 사료들이 풍부하다. 모세와 장인 이트로와의 관계는 구약성서에도 여러 번 나오는데 모세가 발견했다는 12개 모세의 우물과 이트로의 고향이라는 작은 마을 Al Bad에 가 보니 이트로의 생가터와 무덤, 그리고 모세의 또 다른 우물터가 유적지로 보존되어 있다. 참고로 이 주제로 발간된 website들을 소개하면 www.splitrockresearch.org 등이 있다.

[두 번째 라오즈산 답사에서 발견한 북쪽 르비딤의 Split Rock, 혹은 'Rock of Horeb'으로 알려진 바위]

[모세의 지팡이로 갈라진 바위에서 유다인의 갈증을 풀어 준 물이 쏟아져 나오는 상상도]*

* 출처: AndrewJones@DiscoveredSinai.com

참고로 라오즈산 북부에 위치한 Split Rock은 2000년도 사우디 아람코Aramco사에 근무하던 미국인 기술자 Jim & Penny Caldwell 부부에 의해 처음 발견되었다니 비교적 최근의 일이다. 이들은 사우디 정부가 외국인에 대한 쇄국 정책을 고수하던 시절부터 개인적인 불편함과 위험을 무릅쓰고 라오즈산 일대를 답사하여 세상에 알리는 선구자적인 역할을 하였다.

거슬러 올라가면 1980년대부터 미국의 탐험가 Ron Wyatt로부터 시작된 사우디의 시나이산 가능성은 인디아나 존스를 방불케 하는 민간인 모험가의 탐험에서 시작된다. 이 선구자적 노력에는 1990년대 젯다에서 사우디 왕자의 주치의로 활약한 한국인 김승학 씨Dr. David Kim의 공로도 인정할 만하다.* 그는 일반인에게는 출입이 금지되었던 라오즈산 일대를 사우디 왕자의 특별 배려로 2000년대부터 출입하여 여러 가지 물증을 확보하는 데 성공한다. 이런 연유로 2023년 현재 사우디의 라오즈산 일대를 답사하는 외골수 방문객들 중 미국과 한국인 개신교 신자들이 가장 많이 참여하고 있다. 또한 라오즈산 정상의 레이더 기지 설치 기술자로 참여한 강훈기 씨 개인의 노력으로 2014년 집필한 『시내 산은 어디에 있는가?(알-라우즈산의 성서적 의의)』도 필자의 이곳 답사에 큰 동기를 부여해 주었다.

---

* 2014년 김승학 씨의 『떨기나무 2』가 2007년 『떨기나무 1』의 집필을 보완하였다.

홍해 바다를 어디서 건넜을까?

　홍해 바다를 맨땅으로 건넜다는 구약성서의 구절은 지금까지 그 위치를 과학적으로 증명하는 데 많은 어려움이 있었다. 크게 보아 두 가지 설이 유력하다. 홍해를 가리키는 히브리어 'Yam Suph'(직역하면 '갈대 바다')에 가까운 해석으로 수에즈만 인근 작은 호수들을 건넜다는 설과, 시나이반도를 횡단하여 아카바만을 건넜다는 설이 그것이다. 여기서 소개하는 모세가 홍해 바다를 건넌 위치는 필자가 직접 방문했던 아카바만 누웨이바 비치의 위치로 가정해 본다.

[모세가 이끄는 유다인 무리가 건넜다고 추정되는 아카바만 중앙의 누웨이바 비치의 위치가 사우디 라오즈산의 시나이산 추정설과 잘 맞는다.]

* 출처: AndrewJones@DiscoveredSinai.com

2017년 미국의 Tim Mahoney가 제작한 다큐 영화로 *Red Sea Crossing I, II*가 방영되었다. 구약성서에 여러 번 나오는 'Yam Suph'란 지명이 과연 어디일까라는 의구심은 이 다큐 영화에서도 집중적으로 거론된다. 결국 이 영화의 결론은 모세가 이끄는 유다인 그룹이 소규모로 여러 번 출애굽을 했다면(Egyptian approach, *Red Sea Crossing*) 지금의 수에즈 운하 주위의 조그마한 호수들을 경유하는 경우와, 약 200만의 대규모 출애굽했다는 (Hebrew approach, *Red Sea Crossing*) 가정으로 나누어진다. 소규모로 여러 번 나왔다면 수에즈만 근처에서 홍해를 건너 밑으로 내려가 지금의 시나이반도 남단의 시나이산이 유력해지고, 반대로 대규모로 출애굽했다면 아카바만의 누웨이바Nuweiba 지역에서 홍해를 건너 지금의 사우디 미디안 지역의 시나이산이 유력해진다.

[이집트 시나이반도 홍해변에 위치한 누웨이바 해안은 넓이가 200만 평에 달하는 유일한 평지로 약 200만 명의 유다인들이 홍해를 건너기 위해 집결했다는 해안으로 지목되고 있다.]

* 출처: AndrewJones@DiscoveredSinai.com

[누웨이바 지역의 해저 지형도를 보면 홍해 수심이 유독 이 지역만이 낮아 가장 깊은 중앙 부위가 800m 까지 내려가나, 폭이 사우디까지 약 16km이라 사람과 가축이 완만하게 오르고 내릴 수 있는 15도의 경사도를 보여 준다.]*

[이집트 시나이반도 아카바만 변의 누웨이바 해안에 남아 있는 '솔로몬의 돌기둥'. 높이 4.7m, 지름 90cm 원주형 붉은색 화강암으로, 모세가 맨땅으로 홍해를 건넜다는 위치를 기념하여 BC 10세기경 이스라엘의 솔로몬 왕이 세웠다고 전해지는 기념 돌기둥이다. 원래는 사우디 쪽에도 동일한 돌기둥이 존재했다고 알려졌으나 사우디 측에 의해 제거되었다고 알려졌다.]*

* 출처: AndrewJones@DiscoveredSinai.com

[이곳 누웨이바 해안가의 해저 모래 바닥에는 이집트 병거의 바퀴 모습을 닮은 물체들이 최근 스쿠버 다이버들에 의해 발견되었다고 한다. 이런 사진들이 바로 이곳 누웨이바 해변이 모세의 홍해를 맨땅으로 건넜다는 가설을 뒷받침해 주고 있다.]*

[홍해변 Tayyib Esm 계곡 입구. 네옴 사업 지역 사인이 분명하다. 이 골짜기로 12km 들어가면 모세 일행이 홍해 바다를 건넌 후 첫 야영지로 알려진 Elm 오아시스가 나온다.]

---

* 출처: AndrewJones@DiscoveredSinai.com

[2차 라오즈산 답사 시 Tayyib Esm 계곡 입구에서 만난 사우디 관광객들. 사우디 여자들은 눈만 보이는 아바야를 입었지만 처음 보는 이방인의 카메라에 함께하는 모습이 이채롭다. 오른쪽 끝이 이규만, 필자이다.]

이때만 해도 사우디 출입 관광비자가 막 시작할 즈음이어서 조직적인 단체 답사 기회가 드물 때였다. 그동안 'Archeological Area'로 사우디 정부에 의해 철조망으로 잠겨 있어 접근이 제한되었던 라오즈산 일부 지역이 아직은 출입 금지 지역이었다. 덕분에 주요한 사적들이 도굴이나 훼손되는 일은 방지할 수 있었으나 라오즈산을 모세의 시나이산이라고 규명하기에는 터무니없는 제한이 따랐다.

3.4
세 번째 라오즈산 등반(2023.3.)

　2023년 5월 미국의 Patterns of Evidence 회사는 시나이산 후보지 6개를 종합적으로 평가한 *Journey to Mount Sinai II* 다큐 영화 최종편을 출시하였다. 모두 이집트 시나이반도 내의 후보지 세 곳(전통적인 시나이산 포함)과, 사우디아라비아 쪽 후보지 세 곳 중 어느 곳이 구약성서에서 기술한 시나이산에 가장 근접하는가에 대한 전문가적인 견해와 평가를 담은 내용이었다. 결과적으로 시나이산의 위치를 규명하는 주동자인 Tim Mahoney는 사우디 쪽의 라오즈산에 위치한 막클라봉을 가장 유력한 시나이산으로 결론 내렸다. 필자가 사우디에 살던 2015년부터 두 차례 답사한 바 있는 라오즈산이 구약성서의 시나이산에 가장 가깝다는 인증을 받은 셈이다.

필자에게 제3차 타북 답사로 정식 라오즈산을 답사할 기회가 2023년 3월에 왔다. 사우디 정부가 외국 관광객을 유치하기 위한 eVisa 발급뿐 아니라 그동안 접근이 제한되었던 'Archeological Area'들도 모두 해제하였다는 소식이었다. 미국의 Discovered Sinai 여행사에서 주관하는 사우디 시나이산 전문 답사 팀에 합류하게 된 것이다. 아마추어 성서고고학에 관심 많은 미국인 인사들 15명(개신교 목사 5명 포함)과 시나이산을 수십 번 올랐다는 가이드 Andrew Jones의 인도로 일주일간 라오즈산 일대를 오르내릴 수 있었다.

등산로도 없는 온통 바위투성이의 악산 라오즈는 해발 2,580m로 이 지역 최고봉이고, 그중에 시나이산이라 믿는 막클라봉 Mt. Maqla도 해발 2,043m나 되었다. 필자는 체력의 한계를 느끼기는 하였지만 언제 다시 이런 곳에 올까 싶어 기를 쓰고 따라 올라갔다. 이번 3차 답사는 사우디 당국이 모세와 관련된 모든 사적지를 개방하는 정책으로 인해 전과는 사뭇 다른 분위기였다. 이번 필자의 3차 답사 기행문으로 이 책의 제3부 '사우디의 시나이산, 어디까지가 사실일까'와 제4부 '격변하는 중동, 사우디의 네옴시티 사업'이 쓰일 수 있었다. 필자가 직접 눈으로 보고 느낀 기행문과 구약성서 「탈출기」 구절과의 연계성을 정리해 본다.

[사우디아라비아 북서부 타북 지방. 미디안이라 알려진 곳으로 모세가 10계명을 받았다는 라오즈산의 막클라봉과, 40년 광야 생활로 요르단의 페트라(카데스 바네아) 지역을 거쳐 가나안 땅으로 들어갔다고 알려졌다.]

* 출처: AndrewJones@DiscoveredSinai.com

제3부 사우디의 시나이산, 어디까지가 사실일까?

[막클라봉 등반 전야에 모인 등반대원들이 아랍식 텐트 안에서 아랍 만찬 후 휴식을 취하는 모습. 오른쪽 두 번째가 필자]

필자가 2023년 3월 1주간에 걸쳐 답사한 라오즈산 일대 중 2차 답사 시에는 철조망으로 둘러싸여 있어 접근이 불가능했던 지역도 3차 답사 때는 모두 해제되어 접근이 자유로웠다.

모세의 이집트 탈출 후 첫 정착지 미디안 땅 알 바드 Al Bad

이번 답사의 첫 번째 방문지는 모세가 40세 되던 해에 찾아온 미디안 땅, 지금의 알 바드이다.

이집트 왕 파라오의 궁에서 왕자로 자라던 모세에게 절체절명의 위기가 닥쳐왔다. 살인사건의 주범으로 피신할 수밖에 없는 처지가 된 것이다.

파라오는 이 소식을 전해 듣고 모세를 죽이려고 하였다. 그래서 모세는 파라오의 손을 피하여 미디안 땅으로 달아나 그 곳 우물가에 앉아 있었다. (탈출 2,15)

여기서 구약성서 「탈출기」에 '미디안'이란 지명이 처음 등장한다.

미디안에는 딸 일곱을 둔 사제가 있었다. 그 딸들이 그리로 와서 물을 길어 구유에 붓고 아버지의 양떼에게 물을 먹이려고 하는데 (탈출 2,16)

여기서 미디안의 사제로 등장하는 인물이 바로 모세의 장인 이트로와 그의 첫째 딸 치포라가 모세의 아내로 인연을 맺는다. 모세가 치포라를 처음 만났다는 우물터가 지금도 알 바드Al Bad에 남아 있다.

[알 바드 모세의 우물로 알려진 곳. 이곳은 모세가 처음 그의 처 치포라를 만난 곳으로 알려져 있다.]

[모세가 40년간 목동으로 살았다는 알 바드에서 바라보는 라오즈산 전경. 멀리 가운데 보이는 까만 봉우리가 시나이산이라 불리는 막클라봉]

맨땅으로 건넜다는 홍해 바다

 이번 답사의 두 번째 방문지는 모세가 40여 년을 미디안 땅에 와서 결혼하여 가정을 이루고, 장인 이트로의 목동으로 살다가 어느 날 하느님의 산(성서에는 호렙산, 시나이산과 같은 산으로 추정)에서 불타지 않는 떨기나무 아래에서 하느님을 만나 이집트로 돌아가라는 명령을 받게 된다. 10대 재앙을 거쳐 이집트 왕 파라오를 설득하여 노예 생활 중인 수백만의 유다인들을 이끌고 이집트를 탈출한다는 이야기가 「탈출기」 3장에서 12장까지 상세하게 쓰여 있다.

 여기서 10대 재앙 중에 마지막 열 번째 재앙인 모든 맏아들에게 닥치는 죽음을 이기는 수단으로 문설주에 어린 양의 피를 바르는 이야기가 등장한다. 지금도 유다인들이 일 년 중 가장 중요하게 여기는 유월절(逾越節, 영어로는 'pass over', 히브리어로는 '파스카') 명절의 전통이 이어진다. 양의 피를 바른 유다인 집의 맏아들은 모두 죽음에서 살아났다고 믿는 이 예절이 신약성서의 예수 부활 사건, 즉 어린 양에 비유되는 예수 자신이 십자가의 죽음에서 사흘 만에 살아나신 사건(파스카의 신비)과 비유되는 기독교의 핵심 신앙과 결부된다.

이집트 땅을 탈출하고 나와서 만나는 첫 번째 기적이 홍해 바다를 맨땅으로 건넜다는 대목이다. 구약성서「탈출기」14장에 보면

이스라엘 백성은 바다 가운데로 마른 땅을 밟고 걸어갔다. 물은 그들 좌우에서 벽이 되어주었다. (탈출 14,22)

여기서 과연 홍해 바다를 마른땅으로 건넜다는 위치가 어디냐 하는 것이 수천 년 동안 성서학자들 간의 논쟁거리이다. 이번 여행의 최종 목적지인 시나이산이 사우디 미디안 땅이라면 앞서 2차 방문 때 언급한 바와 같이 이집트 땅 시나이반도의 누웨이바 해안이라는 설이 설득력이 있다. 이곳은 홍해 아카바만 중 가장 수심이 낮아 육지에서 바다 밑까지 경사도가 15도 정도라고 하니 사람이 걸어서 오르내릴 수 있는 유일한 지역이다. 그래도 바다 폭이 16km에 가

장 깊은 중앙의 수심이 800m나 되니 과학적으로는 증명이 불가능한 형편이라, 이곳에서 바닷물이 갈라지고 좌우에서 벽이 되어 주었다는 성서 구절은 신의 기적으로밖에 이해할 수 없다. 이번 답사에서 바로 이 누웨이바 해안의 사우디 쪽 해안 지역을 방문해 보니 그 지역이 주변에 비해 수심이 낮은 것은 알 수 있었다.

[우리가 방문한 누웨이바 해변의 건너편 사우디 쪽. 일반 해안가와 별로 다름이 없어 보인다. 1984년까지 이곳에 있었다는 '솔로몬의 돌기둥'은 사우디 측의 제거로 찾아볼 수 없고, 이집트 쪽 누웨이바 해변에만 남아 있다.]

[사우디 쪽에서 바라보는 이집트 땅 시나이반도의 누웨이바 해변. 유일하게 넓은 해안가가 보인다. 이곳 아카바만의 폭이 16km, 가운데 수심이 800m 정도라고 한다. 이곳의 홍해 해안이 낮고 투명하여 수십 미터 바닥이 보일 정도의 청정 해역이다. 이곳에서 답사단은 스노클링까지 하였다.]

홍해 건넌 후 첫 캠핑장 엘림 오아시스

「탈출기」에는 모세가 이끄는 무리들이 홍해를 건넌 후 만나게 되는 첫 번째 캠핑장으로 엘림Elm이란 지명이 등장한다. 이곳에서 70그루의 야자수와 12개의 우물이 있는 오아시스를 만났다는 이야기다. 답사단은 홍해 바다를 건넜다는 위치에서 10여 km 내륙으로 들어와 현재 지명이 엘림이란 오아시스를 찾아 들어갔다. 주위가 모두 풀 한 포기 없는 황량한 사막지대에서 야자수가 울창한 오아시스를 쉽게 찾을 수 있었다. 이곳은 지도에는 모세 골(아랍어로 '와디 무사')이라 표기되어 있다.

그들은 샘이 열두 개 있고 종려나무가 일흔 그루 서 있는 엘림에 이르러 거기 물가에 진을 쳤다. (탈출 15,27)

[사륜구동차로 20여 분 해안에서 들어가니 야자수가 울창한 오아시스가 나온다. 여기가 모세 골(와디 무사)로 유다인이 홍해를 건넌 후 첫 번째 캠핑장인 엘림이라고 한다.]

[야자수가 울창한 엘림 오아시스 숲 가운데에는 지금도 우물 12개의 흔적이 곳곳에 남아 있다.]

[엘림 오아시스에서 해안가로 나오는 계곡 길은 지금도 마르지 않는 물이 흐른다. 이 계곡은 현지에서는 Tayyib Esm이라 표기되어 있다.]

갈증 해소, 르비딤의 갈라진 바위 Split Rock

엘림 오아시스를 나온 유다인 무리는 시나이산을 찾아 헤맨다. 르비딤 지역에 이르러 심한 갈증으로 모세에게 불평한다. 우리를 모두 목말라 죽게 하려는가. 이때 하느님이 모세에게 지팡이로 가리키는 바위를 치라 한다. 이 바위가 둘로 갈라지며 그 사이에서 물이 쏟아져 나와 모두의 갈증을 해소한다. 「탈출기」 구절에 보면

"… 내가 호렙의 바위 옆에서 네 앞에 나타나리라. 네가 그 바위를 치면, 물이 터져 나와 이 백성이 마시게 되리라." 모세는 이스라엘 장로들이 지켜보는 앞에서 그대로 하였다. (탈출 17,6)

바로 이 바위가 르비딤의 갈라진 바위 Rock of Horeb로 유명해진 Split Rock이다. 필자가 2019년 2차 답사 때 천신만고 끝에 찾아갔던 바로 그 바위가 호렙산의 북쪽에 위치해 있다. 이번에는 진입로가 평지로 다듬어져 찾아가기 쉬웠다.

[높이 15m나 되는 거대한 Split Rock 밑에서 이번 답사의 미국인 가이드인 Andrew Jones와 필자. 두 번째로 찾아온 이 바위 주변 돌들의 둥글둥글한 모양은 방대한 물이 흘러내린 자국이라 설명한다.]

시나이산 오르기 전 모세의 제단

이제 최종 목적지인 시나이산을 찾아 오를 차례다. 거대한 산맥인 라오즈산 봉우리들 중에 과연 모세가 10계명을 받았다는 시나이산은 어디일까? 이 산의 정상을 찾아 답사단이 이곳까지 왔다. 「탈출기」에 보면 모세는 이 산에 오르기 전에 산기슭에서 제단을 쌓고 끌고 온 소와 짐승들을 번제물로 바치고 오른 것으로 묘사되어 있다. 이번 답사팀 15인 중 노약자 3인을 제외한 12인이 새벽부터

산 밑에 모여 무사 등정을 기도드렸다.

[시나이산이라 믿는 라오즈산의 막클라봉 정상을 오르려는 등산 출발 지점에서 답사단 12인(오른쪽 끝이 필자). 필자를 제외하면 모두 미국, 캐나다인으로 성서학과 고대 언어학에 박식한 40~50대의 고산지대 등산 유경험자들이다.]

[출발 캠프에서 4km 지점, 막클라봉 밑에서 만난 모세의 제단 터. 염소, 양 등 짐승들을 도살하기 위한 진입로가 'ㄱ' 자로 구부러져 있다.]

[제대에서 제사 지내기 전 짐승들을 도살하는 장면의 상상도. 뒤에 있는 짐승들이 앞이 보이지 않도록 'ㄱ'자로 구부러진 구도.]

번제물로 제사를 마친 후 이스라엘의 열두 지파를 상징하는 돌기둥을 세우고 모세는 홀로 시나이산 정상으로 향한다고 성서에는 적혀있다.

"… 모세, 너만 야훼 앞으로 나오고 다른 사람은 나오면 안 된다. 백성들은 아예 너 모세를 따라 올라올 수도 없다." (탈출 24,2)

* 출처: AndrewJones@DiscoveredSinai.com

[모세의 제단 터 바로 옆에 널려 있는 유다인 12지파를 상징하는 대리석 돌기둥 모양이 다수 보인다.]*

시나이산 정상, 불 세례 받은 곳

 시나이산으로 알려진 막클라Maqla봉 정상까지는 풀 한 포기, 나무 한 그루 없는 사암 바위산이었다. 이 막클라봉을 시나이산이라 믿는 이유는 주변 산들이 모두 갈색 바위산인 데 비해 이 막클라봉 정상만이 까만색으로 멀리서도 식별이 가능하였기 때문이다. 성서에 쓰인 대로 이곳은 불로 세례를 여러 번 받았다니 새까만 정상이 설득력이 있어 보였다. 출발 지점이 해발 1,000m 정도였으나 2,000m 정상까지 오르내리는 데 5시간 이상 걸렸다. 등산로도 전혀 표시가 없었으니 앞사람만 보고 열심히 오르는 수밖에 없었다.

* 출처: AndrewJones@DiscoveredSinai.com

마지막 정상에 오른 후에는 그곳의 돌들이 모두 바깥쪽은 까만색이고 안쪽은 갈색 사암인 데 놀라지 않을 수 없었다. 기념으로 이곳 정상에서 돌 한쪽을 주워 배낭에 넣었다.

시나이 산은 연기가 자욱하였다. 야훼께서 불 속에서 내려오셨던 것이다. 가마에서 뿜어 나오듯 연기가 치솟으며 산이 송두리째 뒤흔들렸다. *(탈출 19,18)*

[현지인들이 시나이산이라 믿는 막클라봉. 주변 봉우리들과 색이 완전히 다른 검은색이다.]

[막클라봉 정상에서 무수히 발견한 검은 돌 한 조각. 모두 바깥쪽은 까맣고 안쪽은 갈색인 것이 특징이고 이 돌은 필자의 소중한 기념품이 되었다.]*

금송아지 제단

모세가 홀로 시나이산 정상에서 하느님을 만나 10계명을 받고 내려오기까지는 40일이 걸렸다고 성서에 쓰여 있다. 산 밑에서 모세를 기다리던 유다인 무리들 사이에는 모세가 죽었다는 등의 유언비어로 이제 다시 이집트로 돌아가야 한다는 움직임이 일었다. 이집트 사람들이 최고 높은 신으로 모시는 우상숭배의 하나로 금송아지 사건이 일어난다. 모든 여자들이 가지고 온 금붙이들을 한데 모아 녹여서 금송아지상을 만들어 숭배했다는 이야기다. 금송아지 모양의 우상을 만든 후 반듯한 제대 위에서 온 무리들이 춤추고 노래했

* 출처: AndrewJones@DiscoveredSinai.com

다는 기록이 있다.

아론이 그들의 손에서 그것을 받아 수송아지 신상을 부어 만들자 모두들 외쳤다. "이스라엘아, 이 신이 우리를 이집트에서 데려내온 우리의 신이다." (탈출 32,4)

그러면 과연 금송아지 제대가 지금 남아 있을까? 시나이산의 산 밑 입구 쪽에 상판이 평평한 특이한 모양의 돌무더기가 한 군데 나온다. 이곳이 바로 금송아지 제대로 쓰인 곳이라 설명한다. 이 돌무더기 측면에 새겨진 암각화에 소의 모양을 그린 것이 여럿 있어 금송아지 제대로 쓰였을 것이라 추정한다.

이 금송아지 제단 주위에는 1980년대부터 사우디 정부가 설치한 철조망이 여러 군데 있다. '고고학 연구 지역'이란 팻말이 크게 쓰여 있고 지금까지는 외부인 출입이 철저히 제한되다가 2022년부터 풀렸다고 한다. 이런 정부의 시책 덕분에 고고학적 가치가 있는 유적지의 훼손이나 도굴은 방지할 수 있었다. 이런 철조망은 비단 라오즈산 일대에만 설치된 것이 아니라 사우디 전역의 암각화$_{petrograph}$ 지역에는 빠짐없이 철조망이 설치되었다. 그러고 보니 리야드 근처나 Hail 지역에도 암각화가 다수 발견되었고 대부분 철조망으로 외부인의 접근을 제한하고 있었다. 덕분에 사우디의 암각화는 세계적인 문화유산으로 인정받기에 이른다.

[막클라봉 전면 넓은 평야지대에 위치한 금송아지 제단Golden Calf Altar. 특이한 구조의 돌무덤과 암각화가 구약성서의 내용을 암시한다.]*

[금송아지 제단의 정면 입구. 1980년대부터 사우디 정부는 이곳을 '고고학 연구 지역'이라 공지하고 철조망을 쳐서 모든 출입을 제한하였다. 개방된 오늘날에는 출입제한 덕분에 도굴과 훼손은 방지할 수 있었다.]

* 출처: AndrewJones@DiscoveredSinai.com

[이 바위 제단 주위에는 돌무더기의 용도를 추측게 하는 소 모양의 암각화들이 바위 측면에 여러 군데 새겨져 있다.]

[유독 이 돌무더기 주위에 집중된 암각화를 자세히 보면 소의 형상을 띠고 있는 모습이 여러 곳에 있다. 아라비아반도에는 자연적으로 소라는 짐승이 존재하지 않고 오로지 낙타와 양, 염소만 키우는 점을 보아 이 돌무더기가 특별히 모세 시절 금송아지 사건과 연루된 것이 아니냐는 추측을 낳게 한다.]

집단 공동묘지

    40일 후에 하산한 모세는 금송아지 제단 위에서 우상숭배 하는 유다인 무리들을 보고 크게 노한다. 시나이산에서 가지고 내려온

10계명이 새겨진 돌판도 부숴 버리고 금송아지 우상을 가루로 갈아 버리고 이 사건과 연루된 사람들을 모두 3,000명이나 죽여 버렸다고 구약에 기록되어 있다. 후에 하느님께 용서를 빈 후 10계명 돌판을 두 번째로 새로 받아 내려온다.

레위 후손들은 모세의 명령대로 하였다. 그 날 백성 중에 맞아 죽은 자가 삼천 명 가량이나 되었다. (탈출 32,28)

한꺼번에 3,000명씩이나 죽임을 당했으니 커다란 공동묘지가 필요했을 터. 금송아지 제단에서 6km쯤 떨어진 곳에 고대인의 공동묘지로 추정되는 유적지가 있다.

[고대 집단 공동묘지로 추정되는 들판. 군데군데 입석 모양으로 세워진 돌들이 가족 단위의 무덤으로 추정된다. 주변에 고대 생활 부락의 흔적이 전무한 이곳에 위치한 공동묘지는 인근 금송아지 제단 터에서 발생한 집단 희생자의 무덤터로 추정한다.]*

---

* 출처: AndrewJones@DiscoveredSinai.com

[이곳을 집단 공동묘지로 보는 이유로 생활필수품이 유물로 남아 있다. 유다 여자들이 만나 열매를 갈아 먹었다고 추정되는 절구와 맷돌grinding stone이 묘지 인근에 유물로 다수 발견된다.]

엘리야의 동굴

엘리야Elijah는 구약성서 「열왕기」 상권에 나오는 하느님의 예언자로 모세, 사무엘과 함께 위대한 예언자로 꼽히는 인물이다. 엘리야는 BC 900년경 북이스라엘의 아합왕 시대 사람이다. 그러니까 모세보다는 약 600년 후대 인물로 아합왕의 미움을 사 시나이산까지 내려와 피신하여 동굴 속에 숨어 살았다는 인물이다. 신약에서도 엘리야는 타볼산에서 일어나는 예수님의 변모 사건에도 등장하는 인물이다. 베드로가 타볼산 정상에 초막 셋을 짓고 하나는 예수님, 하나는 모세, 그리고 나머지 하나는 엘리야를 위해 짓겠다고 할 정도로 지명도가 높은 인물이다. 우리는 사우디에 있다는 시나이산에서 엘리야가 3,000년 전 묵었다는 동굴이 과연 존재하는가에 초점을 맞추었다.

엘리야는 일어나서 먹고 마셨다. 그는 음식을 먹고 힘을 얻어 사십 일을 밤낮으로 걸어 하느님의 산 호렙에 이르렀다. 그가 거기 한 동굴에 이르러 그 속에서 그 날 밤을 지내는데 갑자기 야훼의 말씀이 들려왔다. "엘리야야, 네가 여기에서 무엇을 하고 있느냐?" (1열왕 19,8-9)

[우리가 등반했던 막클라봉으로 오르는 중턱 1,500m에 위치한 엘리야의 동굴 입구가 보인다.]

* 출처: AndrewJones@DiscoveredSinai.com

[이 동굴의 입구에서 내려다보는 외부. 내부는 한 사람이 편히 지낼 만한 공간이 확보되어 있다.]

 이상으로 필자가 직접 육안으로 방문하고 확인했던 라오즈산 지역의 유적 9곳을 소개하였다. 2023년 3월 필자에게 세 번째 라오즈산 등반 기회가 주어졌다. 지금부터 3,500년 전 모세란 인물이 이집트에서 노예 생활을 하던 유다인 무리를 모두 끌고 나와 40년의 광야 생활을 거친 뒤 지금의 이스라엘 가나안 땅, 약속의 땅으로 들어간다는 이야기가 이스라엘의 건국 신화를 이룬다. 말하자면 우리나라 단군 할아버지에 해당하는 인물이 모세이다. 지금 기준으로 40년의 광야 생활을 이해하기는 어려우나 사우디의 라오즈산 근처에서 점차 북진하여 지금의 요르단 지역을 거쳐 가나안 땅에 이르렀다고 한다. 그중 가장 많이 알려진 요르단의 페트라Petra 계곡도 유다인이 거쳐 간 지역으로 추정하는 학자들이 많다. 결국 모세와 그의 가족은 모두 약속의 땅은 밟아 보지 못하고 요르단 페트라 인근지역에 묻히고 만다. 그의 출애굽 이야기가 구약성서의 『모세

5경」부터 자세히 서술되어 있다. 그중 진짜 시나이산의 위치를 밝히는 일은 필자에겐 과분한 일이므로 호기심 많은 가톨릭 평신도의 기행문으로 이 책이 읽히길 바랄 뿐이다.

2023년 6월 필자와 함께 막클라봉 정상까지 올랐던 미국인 목사 David Guzik이 우리 답사 팀의 일정을 모두 동화상으로 찍어 편집한 53분짜리 다큐 기록 영화가 youtube에 등재되어 있다. 관심 있는 분들은 감상을 추천한다.

유튜브 영상

[Is Jabal Maqla the Real Mount Sinai?]
www.youtube.com/watch?v=Ib37S8Eluwk

제4부

격변하는 중동,
사우디의 네옴시티 사업

4.1
'적의 적'은 친구?

2023년 현재 중동에서 벌어지는 치열한 전쟁과 외교의 수싸움이 점입가경이다. 군사대전軍事大戰에 외교대전外交大戰이란 말이 어울릴 법하다. 특히 미국과 중국의 전략 경쟁이 중동의 강국 사우디, 이란과 엮이는 현상은 무척 흥미롭다. 전례 없이 치열한 중동 외교전이다. 상황은 불확실하고 예측은 어려운 실정이다. 그러나 이 와중에서 특이한 추세 하나는 읽을 수 있다. 중동에서는 미국과 중국이 충돌 대신 중재 경쟁으로 나타나고 있다는 사실이다. 오랫동안 교착되었던 정치 협상이 재개될 전망이다. 2023년 중국의 중재로 사우디-이란 관계 정상화를 필두로, 가자Gaza 지역 종전*, 이란 핵 협상 재개, 아브라함 협정 확대 등이 논의 중이다.

---
* 2023년 10월 하마스 무장 세력의 일방적인 공격으로 시작된 내전이 이스라엘과 하마스 간의 전면전으로 확대되어 가자 지역이 격전장인 양상으로 진행됐다.

지금까지 이란과 사우디는 전통적인 적대 관계를 유지해 왔다. 이스라엘 또한 이란과 앙숙 관계이다. 적의 적은 친구가 될 수 있다고 사우디와 이스라엘도 접근을 시도 중이다. 그러나 중동의 외교대전은 언제라도 전쟁 상태로 돌아갈 수 있는 깨어지기 쉬운 평화 유지임에 틀림이 없다. 중동 평화를 위협하는 가장 근본 원인인 이스라엘과 팔레스타인의 영토 분쟁이 그 핵심이다. 2023년 가자 지역의 이스라엘과 하마스 전쟁이 풀리지 않는 숙제이다. 거슬러 올라가면 4천 년 전 아브라함이 가나안 땅으로 이주하면서부터 화근의 불씨는 생긴 셈이다. 중동에서 벌어지는 모든 사업들은 이 지역의 평화 유지가 기본적인 전제조건임은 엄연한 현실이다.

2020년 미국의 트럼프 행정부는 중동 평화의 획을 긋는 사건으로 '아브라함 협정Abraham Accord'을 성사시킨다. 중동의 강소국 이스라엘은 주변이 모두 아랍국들로 둘러싸여 있다. 이 중 이집트와 요르단만이 이스라엘과 수차례의 중동전쟁 후 평화협정을 맺고 정식 외교관계를 성립하였을 뿐, 나머지 아랍국들과는 철천지원수 같은 사이였다. 이들을 가르는 유다교와 이슬람교는 따지고 보면 같은 조상 아브라함을 그들 신앙의 원조로 삼고 있다.

잘 알려진 대로 구약성서 「창세기」를 보면 아브라함의 본처 사라는 아이를 못 낳다가 후처 하갈의 몸에서 첫 아들 이스마엘을 낳고 이의 후손으로 한참 후 7세기에 이슬람을 창시한 무함마드가 탄생한다. 이스마엘보다 14년 후에 태어난 사라의 아들 이삭이 바로 유다교와 기독교의 시조가 된다. 인종학적으로 같은 셈족인 유다인과 아랍인들을 다시 하나로 묶어 주는 계기가 바로 아브라함 협정인 셈이다. 현재는 UAE와 바레인, 모로코, 수단 등이 이스라엘과 평화 협정 중이나, 중동의 강자인 사우디가 과연 이스라엘과 손을 잡을 것인가가 세인의 관심사다. 미국의 간곡한 요청으로 사우디는 아브라함 협정 차원에서 이스라엘과 수교를 검토 중인 것으로 알려져 있다.

여기에 핵심 이슈로 떠오른 것이 미국 법으로 제한하는 원자력 수출 관련법이다(일명 미연방정부 '123법'). 사우디가 최초의 원전 도입을 추진하는 과정에서 핵비확산과 관련된 미국의 원자력 수출 법에 면제 조항을 요구할 거라는 전망이다. 이미 사우디는 자국 내의 방대한 우라늄 광산의 확보와 원자력의 평화적 이용을 위한 핵 주기의 완성을 공포한 바 있다. 이는 핵연료의 농축 기술부터 사우디 국내에서 확보하겠다는 전략이다. 미국이 요구하는 123법과 IAEA 국제기구와의 추가의정서 Additional Protocol 핵사찰에 예외를 요구하는 모양새다. 사우디는 미국이 동의하지 않으면 이런 제약을 요구하지 않는 러시아나 중국과의 원전 도입도 불사하겠다는 입장이다. 평화적 민간 원전 도입에 우라늄 농축과 재처리 기술을 사전에 포기하는 123법에 예외 조항을 달자는 말인데 두고 볼 일이다.

제2차 세계대전 이후 내내 친미 일변도로 알려진 사우디의 대외 정책에서 실리 외교로 근본 정책이 바뀔 수도 있는 시점이다. 우리 원전이 사우디로 진출하기 위한 선결 조건들이 바로 미국과 얽힌 핵비확산 정책들이다. 사우디는 중동의 경제 대국으로 향후 20여 기의 원전을 핵연료 주기를 포함하여 국산화한다는 원대한 꿈을 가진 나라다. 이것이 미국의 핵비확산 정책을 사전에 수용한 UAE의 바라카 원전 계약과 근본적으로 다른 점이다.

4.2
이슬람의 발상지, 사우디아라비아의 변모

강리도疆理圖와 사우디

우리나라와 아라비아반도와의 인연은 삼국시대부터 실크로드를 통하여 문물이 오간 오랜 역사가 있다. 여기에 구체적인 고지도로 1402년 조선 개국 초기 태종 2년 작성된 세계지도 '혼일강리역대국도지도混一疆理歷代國都之圖'(일명 '강리도疆理圖')에 보면 왼쪽 끝에 나일강의 아프리카 대륙과 장화 모양의 아라비아반도가 보인다. 콜럼버스의 신대륙 발견보다도 90여 년 앞선 지도로 당시의 세계 주요 국가와 도시들을 표기한 지도이다. 실크로드를 따라 아랍의 문명이 우리 삼국시대부터 교류가 있었음에 틀림이 없다. 이제는 우리가 사용하는 화석연료 석유와 가스가 대부분 중동에서부터 들어오고 반대로 우리의 자동차, 전자제품 등 하이테크 제품을 중동으로 수출하니 빠질 수 없는 무역 상대국이 되었다. 70년대부터 저렴한 인건비와 건실함으로 중동 지역 대부분의 인프라 공사를 한국 건설사들이 도맡아 공사하였다. 이때 얻은 건실한 건설 실적과 신용으로 UAE에서 사상 최대 건설공사인 바라카 원전 건설 공사까지 2009년 수주하여 2021년부터 상업 운전에 성공하였다.

'강리도'의 존재를 내가 알게 된 것은 2012년 KBS 특집 다큐 〈문명의 기억, 지도〉를 보게 된 후였다. 우리 조상들이 인식했던 아라비아반도는 유럽 대륙과 아시아 사이에 있어 실크로드의 연결고리 역할을 하였음에 틀림이 없다. 그보다도 더 이전 유다교가 형성되던 기원전 15세기부터 이집트 문명과 페르시아 제국 사이에 끼어 있던 약소국 히브리인 이스라엘의 기원 이야기가 있다. 내가 초기 역사인 구약성서『모세5경』이야기에 관심이 쏠리게 된 이유는 사우디의 서북부 지역 일대가 고대 미디안 땅이라는 가설이 나의 호기심을 자아내었기 때문이다.

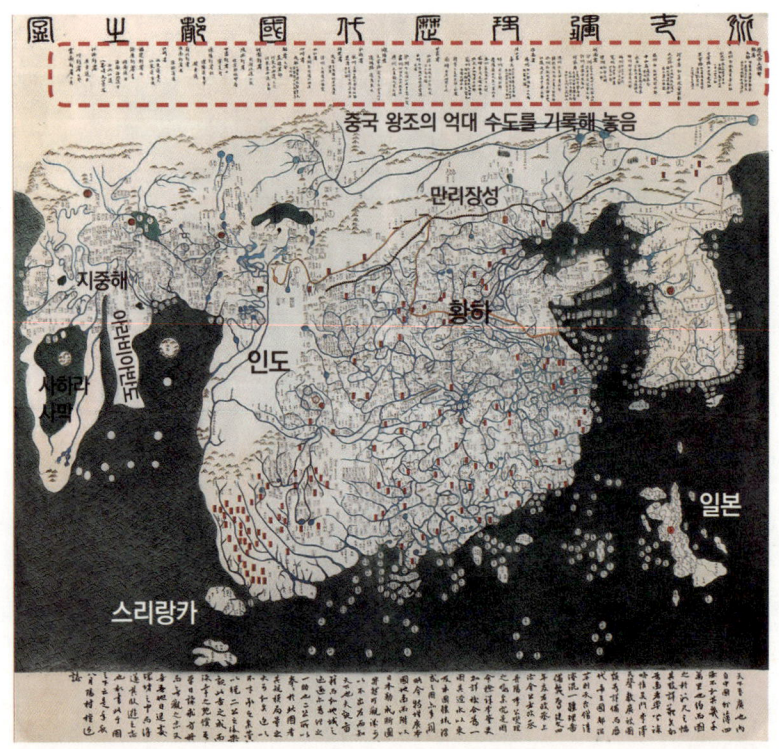

[중국과 조선반도를 크게 그리고 유럽, 지중해와 일본 인도를 상대적으로 작게 그린 '강리도'. 장화 모양의 아라비아반도가 좌측 끝 아프리카와 인도 사이에 명시되어 있다.]

이슬람 교세의 확산

한없이 광활하고 황량한 땅에서 이슬람교가 탄생한다. 기독교보다 6백여 년 늦게 7세기에 탄생한 이슬람교가 어떻게 그토록 짧은 기간에 세계적인 종교로 급성장할 수 있었을까? 불과 100년 남짓한 세월에 이슬람교는 중동 전역, 북아프리카에서 이베리아 반도까지 급속하게 퍼져 나갔다. 현지에서 살아 본 나의 소감으로는 사막에 사는 베두인족의 핏줄에는 떠돌아다니는 유목민의 DNA가 짙다. 그들에게는 같은 장소, 같은 신도들이 정기적으로 만나는 기독교보다는 하느님과 어디에서나 일대일로 만나는 이슬람이 더 어울린다는 느낌이다.

아라비아반도의 북쪽으로는 레반트Levant, 일명 '비옥한 초승달fertile crescent' 지역이 위치해 있는데, 이 지역은 나일강 하류, 이스라엘, 요르단, 시리아, 이라크 남부와 이란 남부까지 포함한다. 지도상으로 보면 마치 초승달같이 생겨서 붙여진 별명이다. 이슬람을 상징하는 초승달 문양은 기독교의 십자가에 해당한다. 모스크 지붕 꼭대기에 어김없이 붙어 있는 초승달 문양은 레반트 지역의 형태에서 유래했다. 그 정도로 이 지역은 이슬람의 뿌리가 되는 곳이다.

[비옥한 초승달 중동 지역, 메소포타미아, 이집트, 페르시아 고대 문명과 3대 유일신교의 발상지]

 이슬람의 창시자인 무함마드는 632년 사우디의 메디나에서 타계했다. 그의 나이 62세였고 이때만 해도 이슬람 신도 수는 미미했다. 그러나 이후 30년간 무함마드의 후계자로 나선 네 명의 교주Caliph 시대에 교세는 중동 전역을 장악하게 된다. 4대 교주 알리는 661년 이슬람의 중심지를 메디나에서 다마스쿠스로 옮기면서 신정일체의 우마이야Umayyad 왕조와 합세하게 된다. 그로부터 100년이 지난 750년에는 아바시드Abbasid 왕조의 당시 세계 최고의 대도시 바그다드로 본거지를 옮기게 된다. 사막 한가운데서 탄생한 이슬람교가 불과 120년 만에 그 교세의 중심지를 메카, 메디나에서 다마스쿠스, 바그다드로 옮기며 교주가 왕까지 겸하는 신정일체의 우마이야와 아바시드 왕조로 변한 사실에 주목할 필요가 있다. 당시 세계 문명의 중심지였던 레반트 지역으로 확산된 궤적이 이슬람을 반석 위에 올려놓은 것이다.

이 과정을 기독교의 초기 전파 과정에 대입하면 이해가 쉬워진다. 2,000년 전 예루살렘에서 시작된 기독교는 12제자 중 핵심 인물인 베드로와 후에 합류한 바오로에 의해 튀르키예를 거쳐 서쪽으로 전파된다. 당시는 로마제국의 전성기로 세계의 중심은 로마였다. 기독교가 예루살렘에서 로마로 중심지를 옮긴 것이 기독교의 세계화로 직결되었다. 만일 베드로와 바오로가 로마로 향하지 않고 그들의 고향인 예루살렘에 머물렀다면 과연 기독교가 오늘날 세계 제1의 종교로 성장할 수 있었을까? 이와 비슷한 과정이 700년 후 이슬람에서 반복된다. 이때는 이미 로마제국은 망하고 유럽은 암흑기가 시작될 무렵이었다. 기독교와 이슬람이 그 초창기에 당시 국제 정치 문화의 수도를 교세의 중심지로 택한 사실은 결코 간과할 수 없는 중요한 요소였다.

무슬림 공동체가 번성해 가며 나라의 우두머리가 된 무함마드는 초창기부터 신정일체神政一體의 조직을 이끌었다. 이 점이 이슬람이 기독교나 불교 같은 타 종교와 근본적으로 다른 점이다. 초대 칼리프부터 20세기 오토만 제국의 술탄까지 이슬람 교주는 왕권까지 겸하고 있었다. 이를 빗대어 이슬람을 폭력의 종교로 비하하는 "한 손에는 칼, 한 손에는 쿠란"이란 표현으로 와전되기도 하였다. 오늘날의 이슬람은 한 사람의 교주와 국왕이 겸하는 체제는 아니다. 수니파와 시아파로 교권이 이원화되었고, 정권의 통수권자는 별도로 존재한다. 전체 이슬람의 80%인 수니파의 맹주는 사우디아라비아이고 나머지 시아파의 맹주는 이란으로 서로 적대 관계에 있다. 현재 지구촌 인구가 80억이라면 그중 15억이 이슬람이니 그들을 모르고 살 수 없는 세상이 되었다.

내 인생의 황금기는 칠순이 되던 해 사우디로 직장을 구해 떠나면서 시작되었던 것 같다. 원자력과의 오랜 인연으로 아라비아반도의 맹주 격인 사우디아라비아가 원전의 도입에 열을 올리면서 현지 근무가 가능해졌다. 그들 특유의 경영 스타일로 외국인은 반드시 고문역으로만 쓰고 기관 운영에는 관여할 수가 없다. 이 점이 오히려 나에게는 자유스러운 직장 분위기를 제공하여 아라비아의 문화와 역사를 공부하는 좋은 기회가 되었다. 이미 다른 나라들은 많이 방문해 본 처지라 주말이나 휴가는 주로 아라비아반도의 오지 구석구석을 일부러 찾아 나섰다.

한국보다 영토가 40배 정도 큰 사우디에서 3대 대도시 리야드 Riyadh, 젯다Jeddah, 담맘Dammam을 제외하면 대부분의 국토가 광활한 사막이다. 사우디의 내국인들도 도시에만 모여 살고 주로 휴가는 인접국 두바이, 바레인이나 튀르키예로 나가는 게 일반적이었다.

나는 오지 탐험의 정신으로 자국민도 잘 모르는 남서부 아브하Abha에서부터 북서부 끝의 타북Tabuk 지방까지 찾아다녔다. 이 중에서 잘 알려지지 않은 지방의 비경과 절경을 보고 감탄을 하지 않을 수 없었다. 특히 서북부 요르단 국경 지방인 타북과 홍해변의 해저 열대어, 산호초 경치가 가히 절경이라 할 만했다. 금강산의 만물상 같은 아드디사AdDisha 골짜기와 아카바Aqaba만 홍해의 해저 절경은 관광 삼매경에 빠져들 만했다. 외국 어디에서도 볼 수 없었던 웅대한 스케일의 자연과 그곳의 현지 베두인들의 소박함에 매료되지 않을 수 없었다.

수니파 이슬람의 종주국으로 자타가 공인하는 사우디는 1930년대 개국 시절부터 가장 보수적인 종파인 와하비즘Wahhabism을 신봉하는 나라로 알려져 있다. 그들의 경전인 쿠란을 가장 보수적으로 엄격하게 실천하여 외국인이 접근하기 어려운 나라였다. 2018년에서야 처음으로 외국인에게 관광비자를 발급하기 시작하였다. (이것도 잠시, 코로나의 창궐로 2021년 모든 외국인의 입국이 금지되었다가 2022년부터 다시 개방된 상태이다.) 이슬람 최대 성지인 메카Mecca와 메디나Medina도 사우디 서남부에 위치한다. 매년 이슬람력으로 12월이 되면 8일간 핫지Hajji라는 대규모 성지순례 행사가 있다. 무슬림(이슬람 신자)이라면 의무적으로 일생에 한 번 이상 핫지 순례에 참여해야 한다. 이

때가 되면 전 세계에서 수백만 명에 달하는 무슬림들이 사우디로 입국하여 메카와 메디나에서 최소 1주간 종교의식을 갖는다.

12월 이외의 달에도 수시로 두 성지순례를 가는데 이를 움라 Umrah라 칭한다. 핫지와 움라 두 성지순례만으로도 매년 2백만 명 이상의 외국인이 어김없이 사우디를 찾아오니 지금까지는 더 이상의 관광객 유치를 고려할 필요가 없었다. 여기서 특징은 외국인이면 반드시 이슬람 신자임을 증명해야 성지순례에 참여할 수 있다. 타 종교의 외국인은 메카나 메디나 두 도시 방문이 원칙적으로 불가능하다는 말이다. 그러나 나의 호기심은 사우디까지 와서 살면서 이슬람 최대 성지라는 메카와 메디나를 비무슬림으로 방문하는 천우신조의 기회를 잡을 수 있었다. 이 방문 결과 우리와 다른 이슬람이라는 종교의 뿌리와 무슬림들의 신앙심이 얼마나 열정적인지 피부로 느끼고 왔다. 비록 나의 종교는 아니지만 이들이 갖고 있는 신앙심만은 본받을 만하였다.

4.3
사우디의 천지개벽

　사우디는 철저한 이슬람 국교의 나라로 지금까지는 외국인이 접근하기 어려운 곳이다. 그러나 한국과 사우디 간에는 1970년대부터 특별한 인연이 맺어진다. 양국 간에 국교가 맺어진 1962년부터 사우디는 갑자기 불어난 오일 달러 수입에, 우리는 베트남 종전과 더불어 해외 근무 인력의 구직난으로 절묘하게 맞아떨어진 결과였다.

　1970년대부터 사우디 인프라 공사 프로젝트에 국내 건설사들이 대거 참여하였고 그 결과 한국 기술 인력의 사우디 파견 근무가 연인원 120만 명에 달하였다. 내 나이 또래 70대, 80대 친구들 중 많은 인력이 1970~1980년대 사우디 근무를 경험했다. 대부분 적은 봉급을 받고도 50도를 오르내리는 열사의 나라 사우디에서 군대 같은 조직으로 그 나라의 도시 인프라 개발 사업에 참여했던 것이다. 이들 대부분은 현장의 건설 캠프에서 먹고 자며 주어진 공사 현장 일만 열심히 마치고 번 돈은 대부분 한국으로 송금하였을 터였다. 이들의 초인적인 비지땀 덕분에 우리나라는 1980년대 서울의 강남 개발을 이루었다. 이들에게는 개인적 추억으로 떠올리기도 어려운 힘든 해외 현장 경험이었다.

요즘 들어 우리도 3만 불 시대가 되며 우리 기술 근로자들이 당시를 회고하며 사우디를 다녀오는 일이 새로운 관심사가 되고 있다. 이들에게는 돌이켜 보기도 싫은 힘든 과거일 수도 있겠으나, 이제 노년에 들어 자신의 젊은 시절 땀 흘려 일했던 나라 사우디아라비아가 지금 어떻게 변하는지 궁금할 수 있다.

2016년부터 3년간 대전의 원자력연구원과 원자력안전기술원에는 내가 근무하던 사우디 K.A.CARE 기술자 50여 명이 소형 원전 SMR-SMART의 기본 설계와 규제 기술 연수로 근무한 적이 있다. 이들은 필자도 사우디에서 직접 선발에 참여하고 파견한 사우디 최고 학부 출신의 엘리트 기술진이었다. 이들 중 기계공학 전공의 기술자인 Fares가 타북 지방 출신으로 나와는 가깝게 지냈다. 귀국

후에도 꼭 자기 고향 타북에 시간 내어 놀러 오라는 초대도 잊지 않았다.

그러나 사우디 입국비자를 개인 초청으로 받기란 지극히 까다롭고 돈과 시간을 요하는 일이라 엄두도 못 내던 형편이었다. 그러다 2018년부터 사우디 정부의 개혁 개방 정책으로 나도 2019년 12월 처음 관광비자eVisa를 온라인으로 받고 사우디를 다시 방문할 기회가 생겼다. 일하러 가는 게 아니라 순전 개인 초청으로 타북 지방 미디안 지역을 다시 답사하려는 목적이었다. 내 딴에는 Fares 친구의 도움으로 시나이산으로 알려진 라오즈산 인근을 밟아 보려는 속셈이었다. 사우디와 나와의 인연이 한 단계 더 깊어지는 순간이었다.

돌이켜 보면 사우디에서 시작된 1973년 제1차 석유파동으로 나에게 한국원자력연구소로 귀국하는 기회가 생겼다. 40년 후 내 나이 칠순에 원자력 고문관으로 사우디 수도 리야드에 살았던 경험이 생겼다. 여기서 발견한 타북 미디안 지역의 역사가 이제는 원자력 전문가가 아닌 호기심 많은 아마추어 작가로 변신한 나에게 새로운 기회를 주고 있다. 이 책을 집필하게 된 동기도 구약성서의 최대 중대 사건이 사우디 국내에서 발생했을 가능성을 추적해 보려는 의도라 할 수 있다.

MBS 실권자의 등장

사우디아라비아는 1932년 개국 이래 2015년 즉위한 7대 살만 Salman 국왕에 이르기까지 절대 왕정 국가이다. 이슬람을 국교로 하되 가장 보수적인 와하비즘을 신봉하는 나라로 아랍국 중 가장 큰 영토와 석유로 20세기부터 수니파 아랍국들 간의 맹주, 큰 형님 노릇을 하는 나라다. 이 나라에서 현 모하메드 왕세자(Mohammed bin Salman, 일명 'MBS')가 실권자로 나타나 정부의 최대 정책으로 공포한 'Saudi Vision 2030'이 조용한 천지개벽을 일으키고 있다. 내가 현지에서 근무하던 2017년 공포된 이 정책은 지금까지 석유 의존에서 완전 탈피하여 새로운 국가 모습을 이루려는 야심 찬 구상으로 6년이 지난 현 시점에서 조용한 혁명을 일으키고 있다.

국가 재정의 80%를 담당하던 석유 수입에서 벗어나 '탈석유' 시대에 대비한 국가 개혁의 의지가 담겨 있다. 그 내용은

첫째, 온건파 이슬람으로의 변신은 이 나라 사회적으로 장기간 뿌

리박힌 와하비즘 보수파들의 의식구조를 혁신하는 일로 특히 노장층의 강한 반발을 설득해야 했다. 사우디에만 존재하던 종교 경찰 Mutawa의 존재도 유명무실할 정도로 약화되어 주변의 아랍국들과 유사한 온건파 이슬람으로 변신하고 있다.

둘째, 사회정책 변화로 여성 인권이 가시적으로 변화하였다. 2018년부터는 그동안 사우디에서만 고집하던 여성 운전 금지도 전면 허용하여 누구든 차 운전이 가능해졌다. 그 이전에는 여성이면 집안의 남성 후견인(아버지, 남편, 남동생 등) 없이는 혼자 처신이 불가능했다. 전국에 영화 극장과 콘서트 등도 수천 곳을 새로 도입하여 국민 여가 선용이 훨씬 자유로워진 것도 큰 변화로 꼽는다. 2019년 한국의 유명 K-Pop 방탄소년단BTS이 사우디의 수도 리야드 킹 파드 인터내셔널 스타디움에서 성공적으로 공연을 하였다는 소식에 격세지감을 느낀다.

셋째, 외교 안보 정책 변화로 대이란 강경 노선을 수정하는 모습이다. 과거 시아파 주동자들을 반정부 테러리스트로 처형하는가 하면, 이란과의 대리전으로 예멘과의 전쟁을 불사하던 모습에서 벗어나 2023년부터는 이란과 평화협정도 추진하는 모양새이다. 또한 유다교의 본산인 이스라엘과 손을 잡는 모습도 전에는 상상할 수 없던 모습이다.

넷째, 에너지 정책으로, 석유·가스 일변도의 발전, 소비 패턴에서 탈석유 정책으로 과감한 원자력 발전 도입과 신재생에너지 발전 도모 등이다.

[여성의 인권 신장은 자동차 운전 허용에서부터 모든 상점의 판매원은 사우디 여성이 대부분 차지할 정도로 확대되었다. 이는 여성 단독으로 취업과 사회생활 전반에 독자적인 권리를 갖게 되며 과거 남성 위주의 정책에서 과감한 탈피를 의미한다.]

아브라함 협정

'적의 적은 친구'라 했던가? 이란을 최대의 안보 위협국으로 간주하던 이스라엘과 사우디가 수교 전 단계까지 가는 모습이다. 같은 이슬람 형제국이면서도 수니파와 시아파 간의 갈등은 그곳에 살아본 사람들에게는 뼈아픈 현실로 느껴진다. 수니파의 수장 격인 사우디와 시아파의 수장 격인 이란 간에 보이지 않는 갈등은 아랍·유다인 간의 적대감보다 더 높고 깊어 보인다. 이스라엘이란 나라는 1948년 태어날 때부터 주변 아랍국들과 투쟁의 연속이었다. 크고 작은 중동전쟁만 해도 수십 차례에 달한다. 수천 년을 아랍인들이 차지하고 살아오던 팔레스타인 땅을 빼앗고 생긴 나라를 반길 이웃이 있겠는가? 나도 2005년 성지순례로 이스라엘을 9일간 처음 여행하고 나서 느낀 결론이 지구상에 이다지도 철저하게 팔레스타인 사람을 인종차별 하는 데에 소름이 끼칠 지경이었다. 이 땅에서 아랍인과 유다인이 평화롭게 공존하기란 얼마나 어려운 일인지 실감한 적이 있다.

이런 중동 지역에 조용한 지각변동이 일어나기 시작한다. 미국 트럼프 행정부에서 시작한 '아브라함 협정'이 작은 결실을 맺기 시작한 것이다. 지금까지 이스라엘과 공식 국교를 맺은 아랍 나라는 이집트와 요르단뿐이었으나, 2019년 UAE, 바레인 등이 이스라엘과 공식 외교관계를 맺기 시작하였고, 아프리카의 모로코와 수단이 이에 동참하였다. 여기에 사우디아라비아, 오만, 카타르 등이 지금까지 이스라엘과의 적대 관계에서 비공식적인 외교 관계를 추진하는 과정이 보인다. 특히 사우디의 외교 행보는 놀랄 만하다.

이슬람의 종주국을 자부하는 사우디가 유다교의 본산인 이스라엘과 수교를 한다는 가능성에 지각변동을 느끼게 된다. 따지고 보면 같은 신앙의 선조라는 아브라함에서부터 유다교, 기독교와 이슬람교가 탄생하였으니 지금같이 불구대천지 원수로 살아가야 할 아무 명분이 없다. 지금까지는 이집트와 요르단을 제외한 중동의 모든 아랍국들이 팔레스타인 문제 해결을 전제 조건으로 대이스라엘 수교를 미루어 왔던 것도 사실이었다. 이러던 것이 시아파의 교주 역인 이란과의 관계가 악화되면서 오히려 수니파 아랍국들과 이스라엘 간의 수교가 먼저 이루어지는 셈이다. 이스라엘 또한 이란의 핵무장 가능성과 하마스 등 무장 단체를 지원하는 이란과의 골이 깊어진 탓도 있다. 결국 사우디 입장에서 이스라엘이 '적의 적은 친구'로 둔갑하는 꼴이다.

4.4
미디안 땅에 네옴시티Neom City 사업, 무함마드의 한 수?

이제 사우디의 30대 젊은 왕세자 MBS가 주도하는 Vision 2030 개혁 개방안도 공포한 지 6년이 지났다. 아직은 가시적이고 획기적인 결과는 더욱 기다려 보아야 하는 입장이지만, 그래도 전 국민의 평균연령이 35세 정도로 신세대 젊은 청년 측의 전폭적인 지지를 받고 있다니 기대해 볼 만하다.

그중에서 나의 관심을 끄는 주제는 MBS가 주도하는 네옴시티Neom City 신도시 사업 구상이다. 'NEOM'이란 신조어는 새롭다는 그리스어 'neo'와 '미래'라는 아랍어 'Mustaqbal'의 합성어이다. 이미 기술한 바와 같이 아라비아반도의 서북부 타북 지역은 그 남부가 구약성서에 나오는 미디안 지역으로 알려져 있다. 다만 고대 문헌에 나오는 미디안 지역은 정확한 지역 경계가 안 나와 있고 약간 막연하게 타북 지역으로만 알려져 있다. 바로 그 미디안 지역에 최첨단 미래 신도시 네옴 사업이 벌어진다니 정말 두고 볼 일이다.

지금까지 사우디 정부가 발표한 자료만 보면 인공지능 AI 최첨단 신도시를 황무지 사막 한가운데에 건설하여 외국 자본과 인력을 유치하겠다고 한다. 이 책의 주제로 다루는 모세의 새로운 시나이산이라는 라오즈산 지역과 일치하기에 앞으로 이 지역이 어떻게 변모할지가 지대한 관심사이다. 사우디 측 근거는 이 지역이 가장 자연경치가 뛰어나고 기후도 좋아 네옴 신도시가 이곳에 건설된다면 새로운 관광 사업으로 각광받을 거라는 기대감이 큰 것 같다. 바로 인접한 세계적인 관광지 이집트의 샤름엘셰이크Sharm el-Sheikh, 후루가다Hurghada와 같은 관광 명소를 꿈꾸는 모양이다. 이미 샤름엘셰이크와 후루가다 같은 세계적인 관광 명소는 네옴 지역에서 불과 100km 이내 거리로 구미 각국의 관광객이 꿈꾸는 명소인지라 사우디로서도 욕심내어 볼 만한 사업이다. 특히 겨울이 길고 추운 북유럽의 부자 나라들에게 한겨울에도 태양과 바다가 주는 매력은 우리의 상상을 초월한다. 라오즈산 일대가 만일 진짜 시나이산으로 판명된다면 기독교권의 방대한 성지순례객 쇄도가 일어날 터이다. 그렇다면 바로 이슬람의 종주국 사우디의 핵심 신도시 인접 지역이란 결과는 상상만 해도 대단한 일이 아닐 수 없다. 과연 네옴 사업의 주체들이 이런 결과를 미리 염두에 두고 부지 선정을 하였을까?

사우디 서부 네옴 지역의 상징성은 동부 지역과 대비된다. 막대한 오일달러가 가져다준 사우디의 부富는 주로 동부에서 나왔다. 그러나 탈석유 시대를 표방하는 왕세자의 관심은 홍해 연안을 축으로 하는 '석유 시대 이후'의 그림에 있는 듯하다. 이스라엘과 UAE의 자본과 기술까지 유치하겠다니 격세지감을 느낄 수밖에 없다. 현재 자국민 대다수가 휴가로 두바이나 튀르키예로 나가 쓰는 외화를 자국 내로 소화시키자는 속셈에다 따뜻한 겨울 관광지로 유럽의 관광객을 유치하겠다니 기대해 볼 만하다. 2032년은 사우디 건국 100주년이다. 새로운 백 년을 맞는 젊은 국왕을 상상하면 기념비적 사업으로 네옴 사업을 구상함이 틀림없어 보인다.

지금까지 이슬람을 제외한 모든 종교를 불법으로 간주해 오던 나라 사우디 영토 내에 기독교와 유다교의 뿌리에 해당하는 시나이산과 모세의 유적이 존재한다면? 이 유적들이 어렵지 않게 발견되는 미디안 지역이 네옴 사업 주 무대로 외국인들에게 공개한다 하니 참으로 믿기 어려운 상황이 현실로 다가온다.

[NEOM 지역. 아라비아반도 서북부 타북주의 홍해와 아카바만을 끼고 26,500㎢ 서울시의 44배 면적에 이르는 방대한 지역. 이집트의 시나이반도에 가까운 네옴 지역은 구약성서의 미디안 지역과 일치한다.]

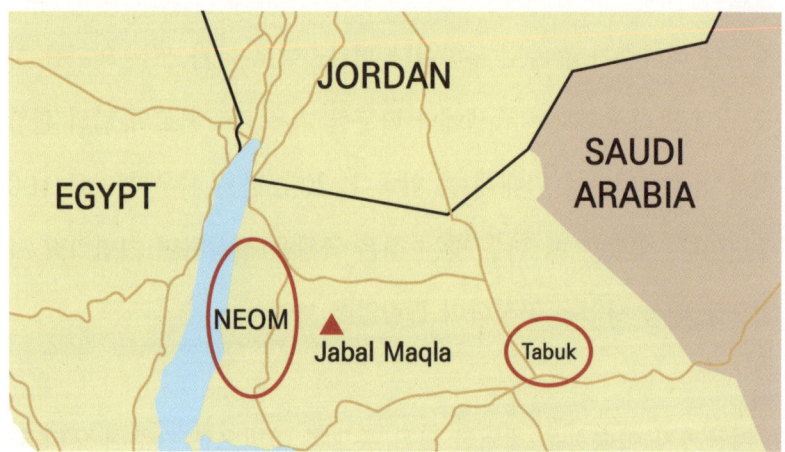

[네옴 사업 지역은 아라비아반도 서북부인 이집트, 요르단 국경 지역이다. 기존 시나이산으로 알려진 이집트 시나이반도 지역과, 새로운 시나이산 후보지로 떠오르는 네옴 지역 라오즈산 중 막클라봉이 아카바만 우측에 위치한다.]

네옴시티 사업 내용

우선 지리적으로 네옴시티 사업 대상 지역의 위치를 알아보자. 지도에서 보다시피 아라비아반도의 서북부 타북주의 남서쪽 홍해변을 끼고 약 2만 6천㎢의 방대한 지역을 네옴 사업 구역으로 공지한 바 있다. 이 중에서 최우선 사업으로 2019년 전용 공항과 왕실 궁전을 완성하였다. 특별히 관심을 끄는 부분은 이 사업 구역의 대부분이 이 책의 주제로 다루는 미디안 지역과 일치한다는 사실이다. 네옴 사업의 한 축이 새로운 관광 사업 개발이라는 사실도 사람들의 흥미를 끌기에 충분하다. 새로운 시나이산의 위치로 각광을 받는 라오즈산도 이 지역이다 보니 후일 유다교와 기독교의 성지순례도 상상해 볼 수 있다.

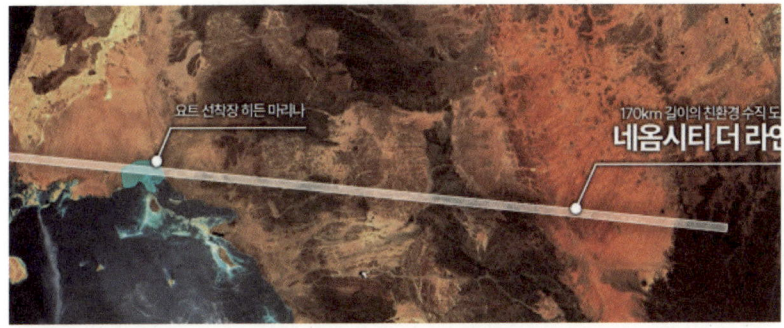

[아카바만 홍해의 최남단 사우디 NEOM The Line 서쪽 끝 지역이 Tiran 해협 지역으로 이집트 샤름엘세이크 관광 지역과 만난다. Tiran 해협의 조그마한 섬들을 육교로 연결하면 이집트 관광객들이 사우디 네옴 지역까지 육교로 연결된다. 첫 가시적인 사업으로 2024년 완공 예정인 해양 요트 휴양도시 신달라Sindalah 섬도 이 지역에 있다.]

일차적인 사업 구상으로 2022년 발표된 자료에 따르면 최첨단 신도시를 일자형으로 건설하는 The Line, Mirror City project가 언론을 장식한다. 왼쪽 끝은 홍해 아카바만의 최남단으로 이집트의 해저 관광 명소인 샤름엘셰이크와 마주 보는 위치다. 완공되면 인구 900만 명의 최첨단 신도시가 사막 한가운데에 세워진다는 구상이다. 총 투자 규모도 1조 달러로 그 반을 사우디 국부 펀드인 PIF가 조달하고 나머지 반액은 해외 유치로 하겠다고 한다.

일견하면 황당할 정도로 상상을 초월하는 청사진이라 이의 단계적 집행을 지켜보려는 움직임도 상당하다. 과연 사우디다운, 사우디만이 할 수 있는 듣도 보도 못한 현대판 최첨단 기술의 총집결을 예고한다. 절대 권력의 실력자가 일사불란하게 밀어붙여도 수십 년이 걸릴, 그런 대역사를 그리고 있다. 마치 4천 년 전 이집트의 파라오가 피라미드를 건설하는 불가사의한 사실을 21세기에 사우디에서 보게 될지도 모른다.

이 사업의 낙관론은 우리나라의 기회와도 연결된다. 최근 폭등했던 유가로 사우디의 국부도 그만큼 늘어났다. 네옴을 중심으로 굵직한 사업들이 다시 용트림을 시작한다. 그중에 신규 원전 건설과 방산 협력도 적극 추진할 모양새다. 우리 정부의 방산·원전 수출 드라

이브와도 맞아떨어지며 우리에게 큰 기회를 제공할 수 있다. 마치 1970년대 1차 중동 건설 붐을 맞았던 모습과 유사하다고 할까….

[네옴 부지의 위치는 아시아, 유럽, 아프리카 3대륙이 만나는 전략적인 위치이다.]

네옴시티 The Line 첨단 신도시 사업

[네옴시티 사업의 중심인 'The LINE'은 170km의 분지, 산악지대, 해안 사막지대를 관통하는 첨단 신도시이다. 여기에 라오즈산 정상에서 불과 10km에 위치한 산악 관광도시 Trojena, 남쪽 해안 홍해변 두바시 인근 홍해상에 위에 위치한 첨단 산업단지 Oxagon과 휴양도시 Sindalah 등이 있다.]

[국민 홍보용으로 리야드 시내에 설치된 NEOM The LINE Experience 전시관. 공상 만화 같은 LINE 첨단 신도시 건설이 어떻게 가능한가를 보여 주는 대국민 설득용 홍보관]

 The LINE 첨단 신도시 건설 사업은 아직도 미결 사항들이 많다. 필자가 2023년 3월 현지를 가서 보고 느낀 바로는 현재 네옴시티 사업 전반의 토목공사에 해당하는 고속도로를 닦고 상하수도 전기 통신망 공사가 한창이라는 말이다. 그중에도 가장 큰 공사인 인구 900만의 일직선 신도시 The LINE 건설에 회의적인 시각을 인식한 듯 리야드 시내에 'The LINE Experience'라는 홍보 전시관이 운영 중이다. 필자도 방문해 보니 가능성에 조금은 설득이 되는 듯하다. 자금과 권력의 절대권을 지닌 현 왕세자가 앞으로 수십 년은 정상에서 추진한다고 가정하면 이런 구조물이 건설 완공되는 것이 가능할 것으로 보인다. 그러나 정작 어려움은 첨단 신도시가 완공된 후 인구 900만 도시로 인구를 이주시키는 일이 더 큰 미결 과제로 보인다.

The LINE 신도시는 네옴 부지 남부에 동서로 170km를 뻗는 일직선 도시이다. 외형만 보면 폭 200m에 높이 500m 유리 벽으로 둘러싸인 도시로 지하에 고속철도가 깔리고 지상에는 길이 800m 정도의 모듈로 모두 140여 개의 모듈이 모여 총 일직선의 도시를 이루는 개념이다. 각 모듈당 인구를 8만 명 정도로 추산하여 총인구는 900만 명을 수용하겠다고 한다. 2030년까지 건설을 끝내겠다니 역사상 최대의 인프라 도시 건축 사업임에 틀림없다. 현재 땅파기 토목공사가 진행 중이고, 세계 최고의 건축설계사들이 총동원되어 상세 설계가 진행 중이다. 교통은 자동차가 필요 없고, 탄소 발생 없는 그린 수소 에너지 위주의 첨단 도시란다. 서쪽 끝은 아카바만의 남단 Tiran 해협과 만나고 Tiran 섬 등 몇 개 섬만 다리로 연결하면 세계적인 관광지 샤름엘셰이크와 육로로 연결된다. 170km의 동쪽 끝은 고원지대로 새 공항이 들어설 예정이라 한다. 전체 구간 중 30km 정도의 산악지대는 터널 공사가 이루어지고 있고 국내 유수 기업들이 참여하고 있다. 과연 우리 기업들이 제2의 중동 붐을 일으킬 정도의 공사를 담당할지는 아직 미지수다.

막대한 자금과 권력이 동원되어 진행 중이니 건설이 완공되기까지는 낙관적인 견해가 많다. 그러나 인구 900만이나 되는 인력을 이곳까지 이주시키는 일은 건설 공사와는 다른 차원의 계획과 실행

안이 필요하다. 과연 어떤 사람들이 사우디에서도 가장 외딴 타북 주 네옴시티까지 이주하고 생활할까?

 긍정적인 면은 네옴의 위치가 유럽, 아시아, 아프리카 3대륙이 만나는 전략적인 지점이라는 점과 기후 면에서도 비교적 온화한 지역이고, 수에즈 운하를 끼고 전 세계 물동량의 30%가 지나가는 길목이란 점도 유리한 입장이다.

[현장 토목공사에 투입되는 수천 명의 제3국 인력이 체류하는 건설 캠프단지, 2023년 전경]

[건설 현장에서 중장비를 고산지대까지 운송하는 데 이용되는 특수 헬기 모습도 보인다.]

트로제나 산악 관광단지

[라오즈산에서 불과 10km 지점에 건설되는 산악 관광단지 스키 슬로프 상상도. 겨울철 영하 10도까지 내려가는 현지 기온으로 인조 눈을 만들어 뿌린다는 계획이다.]

[2029년 동계 아시안 게임을 유치한 사우디가 Trojena 산악지대에 건설 중인 ski villa 안내판]

네옴 사업 중 가장 먼저 가시권에 들어오는 사업은 산악 관광단지로 알려진 트로제나 산악 관광단지이다. 이 지역은 지리적으로 라오즈산 일대의 고산지대로 정상에서 불과 10km 정도의 위치에 있다. 최근 사우디가 국부 펀드 PIF를 동원하여 심혈을 기울이는 국제 프로 골프와 축구계의 슈퍼스타 영입 등 새로운 바람을 일으키고 있다. 이의 연장선에서 사우디 정부는 2029년도 동계 아시안 올림픽 경기를 공식적으로 유치해 놓고, 2034년 월드컵 축구 대회 유치를 신청한 상태이다. 필자가 라오즈산 막클라봉 등반하였을 때에 바로 주변에서 벌어지는 도로 포장 공사를 여러 곳 보았다. 모두 트로제나 관광단지를 향하는 교통망에 틀림이 없어 보인다.

[지금까지 비포장 불모지였던 타북 홍해변이 네옴 사업 토목공사로 라오즈산 인근 가는 곳마다 도로 포장 등 인프라 공사가 한창이다.]

동계 올림픽을 유치할 정도면 경기장에서 숙박 시설까지 막대한 새로운 투자가 이루어져야 한다. 고산지대 날씨는 겨울철 영하 10도까지 내려가니 인공설로 스키장은 가능할 것이다. 지금까지 관광이란 이슬람교도들의 의무적인 성지 방문이 전부였으나 이제부터는 일반 관광 사업에도 심혈을 기울이는 모습이다.

옥사곤 해양 산업단지, 신달라 휴양단지

이밖에도 홍해변 해양단지로 첨단 산업 회사들을 유치하겠다는 옥사곤과 해양 섬 휴양단지 신달라 등이 있으나 이들의 구체적인 구상은 향후 발표될 예정이다. 2023년 8월 서울에서 개최된 'Discover NEOM' 기획 전시회에 소개된 내용을 보면 리야드에서 개최한 'The LINE Experience'보다 진일보한 내용이 소개되어 있다. 우선 2024년 1차 완공을 목표로 신달라 해양섬 휴양지 사업이 속도를 내고 있고, 옥사곤 산업단지도 2023년 현재 항만 시설은 완공된 상태이다. 확실한 것은 지금까지 석유 일변도의 경제구조에서 벗어나 미국과 유럽을 상대하는 일반 관광 사업에 국력을 기울이려는 의도로 보인다.

1930년대 미국 네바다주에 건설한 라스베이거스 신도시나 1990년대 UAE 두바이 신도시가 모두 사막 황무지에 불가사의한 구상의 신도시를 이루었다는 사실이다. 절대 권력과 부를 가진 사우디 왕세자가 밀어붙이는 네옴시티 신도시 사업도 인근 두바이보다 그 규모가 크다. 관광을 목적으로 아라비아반도 서북부 타북 지역에 건설코자 하는 신도시 사업은 우여곡절과 시행착오 후에 완공은 되리라 전망한다. 다만 900만의 인구를 이 지역에 정착시키려면 또 다른 어려움이 따를 것으로 전망된다.

금상첨화錦上添花로 네옴시티 부지는 고대 모세의 구약성서 「탈출기」의 주요 무대로 판명될 가능성이 크다. 후일 시나이산의 위치가 이곳으로 공인되면 엄청난 성지순례 관광지로 거듭날지도 모른다. 여기까지가 2023년도 현지를 다녀온 필자가 두 눈으로 보고 느낀 소감이다. 그러나 절대적인 전제 조건은 지역의 안보와 평화 분위기 유지이다. 이스라엘과 팔레스타인 사이의 영토 분쟁에 항구적인 해결책이 선행되어야 진정한 중동 평화가 이루어질 수 있다. 가자 지역의 전쟁과 사우디의 대이란, 대이스라엘 평화협정 노력이 네옴시티 사업과 무관하지 않다는 말이다. 지금까지 지구촌의 화약고로 알려진 중동 지역이 이 사업의 완성으로 멀고 먼 평화가 실현되는 날이 오기를 바라는 마음 간절하다.

이런 지역적 불안은 네옴시티 사업 추진 측에겐 마치 풍전등화 같지 않을까 하는 걱정이 앞선다. 그래도 우리는 그 미래지향적인 꿈이 이루어지고 그것이 이 지역의 평화 정착에 도움이 되기를 바라 마지않는다.

에필로그

여든의 서재에서

　우물쭈물하다가 어느새 팔순에 이르렀다. 한국 남자 평균 연령을 보아도 이제는 나의 인생을 정리해 볼 때다. 이 책을 쓰게 된 동기도 내 삶의 아름다운 마무리를 하고 싶다는 욕심에서 나왔다. 사우디와 나와의 특별한 인연도 알고 보면 꽤 오래 되었다. 1973년 1차 석유파동 바람에 NASA에서 화성 탐구하던 사람이 원자력으로 분야를 바꾸어 귀국하게 되었고, 그 시발점도 사우디의 석유 수출 정책 때문이었다. 내 나이 70이 되던 해, 사우디 정부 초청으로 원자력 자문관으로 가게 된 것도 우리의 원자력 기술 자립 이야기를 영문 책으로 발간하는 바람에 가능해졌다. 리야드에 근무하면서 수시로 사우디 전국 오지를 탐험하면서 우연히도 가장 아름답다는 타북 지방에서 모세의 흔적을 발견하고 호기심이 발동하게 된다.

　나는 성서학자도, 고고학자도 아니다. 호기심 많은 가톨릭 평신도일 뿐이다. 그런 사람이 처음에는 경치 좋은 곳 찾아서, 두 번째는 타북이 고향이라는 사우디 친구 기술자의 안내로, 그리고 세 번째는 미국 시나이산 답사단을 따라서 도합 세 차례 타북 지방의 라오즈산 일대를 답사하는 행운을 누렸다. 마지막 세 번째 2023년에는 라오즈산 중에 가장 시나이산에 가깝다는 막클라봉도 등반할 기회가 있었다. 구약성서 최대 사건인 출애굽 일화의 주 무대가 미디안 땅이고 바로 그 미디안 땅이 지금의 사우디 서북부 타북 지방의 홍해변이라는 추정에 그만 사로잡힌 몸이 되었다. 여기에 흥미를 더한 것은 바로 이 지역의 라오즈산 일대가 모세의 10계명과 연계된 시나이산이라는 가설이 점차 공신력을 얻고 있다는 사실이다. 미국의 저명한 다큐 제작사인 Patterns of Evidence는 한 예에 불과하다.

더욱이 흥미를 돋우는 대목은 이 라오즈산 일대가 현 사우디의 실권자인 무함마드 왕세자가 세인의 추종을 불허하는 기발한 발상으로 이 지역에 사우디의 새로운 미래를 설계하는 네옴시티 사업의 주 무대라는 사실이다. 일직선 총 길이 170km의 'The LINE' 첨단 신도시에서부터 2024년에 준공한다는 신달라 해양 휴양섬, 2029년의 동계 아시안 게임을 개최한다는 트로제나 산악 스포츠 단지 등, 2023년 현재 이런 방대한 시설들의 기초공사가 현지에서 이루어지고 있다. 트로제나 스키 슬로프는 라오즈산 정상에서 불과 5km 떨어진 위치이다. 사우디의 미래상을 지금까지 석유 자원에서부터 관광과 첨단산업으로 방향 전환하겠다는 'Saudi Vision 2030'의 구체적 실천 방안으로 떠오르기 시작한 것이다. 이 책은 네옴시티 사업의 성공 여부를 가늠하려는 시도가 아니고 다만 나의 현장 방문 여행 기행문에 불과하다.

3,500년 전의 모세가 남긴 흔적과 21세기 무함마드 왕세자 MBS가 펼치는 첨단 도시의 부지가 바로 같은 자리에서 벌어진다는 사

실이 무척 흥미롭다. 그보다 더욱 필자의 마음을 사로잡은 사실은 시나이산의 진짜 위치를 밝히려는 과정에 있다. 신앙심의 본질이 '무조건 믿어라'가 아니고 역사적으로 과학적으로 밝힐 수 있는 부분과 하느님의 기적이라고밖에 설명할 수 없는 구역을 분명히 가를 수 있다면… 나같이 신앙심이 부족한 경우 의심 많았던 12제자 중 도마같이 현장에서 내 눈으로 확인하고 믿게 되는 경우가 아닐까? 만일 시나이산의 진짜 위치가 훗날 내가 답사한 라오즈산 일대라고 판명된다면, 유일신교를 믿는 모든 신자들에게는 물론 나 같은 평신도에게도 신앙심을 한 단계 올려 주는 역할을 하리라 믿는다.

끝으로 내 생애를 정리해 보며 김수환 추기경님의 어록 중에 기억나는 말씀 하나.

> "
> 당신이 태어났을 땐 당신만이 울었고
> 당신 주위의 모든 사람들이 미소를 지었다.
> 당신이 이 세상을 떠날 때엔 당신 혼자 미소 짓고
> 당신 주위의 모든 사람들이 울도록 그런 인생을 살라.
> "

참고문헌

Babelli, Mohammed. *Saudi Arabia*, Riyadh: Desert Publisher, 2008.

Brown, Erica. "In Death as in Life", *Bible-Review/15/3/16*, 1999.

Caldwell, Penny. *The God of the Mountain*, Bridge Logos, 2008.

Fritz, Glen. *The Lost Sea of the Exodus: A Modern Geographical Analysis*, 2nd Edition, GeoTech, 2016

Goelet, Ogden. "Moses Egyptian Name", *Bible-Review/19/3/4*, 2003.

Hays, Daniel. "The Private Man behind the Public Leader", *Bible-Review/16/4/11*, 2000.

Hilah, Muhammad al-, Khan, Muhammad. *Translation of the meanings of the Noble Qur'an into the English Language*, Medina: King Fahd Glorious Qur'an Printing Complex, 1996.

Israel in Egypt, The Life of Moses, San Antonio: Bible Study Fellowship, 2013.

Kathir, Hafiz Ibn. *Stories of the Prophets*, Dar-Salam Publications, 2020.

Kim, Byung-Koo. *Nuclear Silk Road,* Amazon.com, 2011.

Merrill, John & Shanks, Hershel. *Ancient Israel, from Abraham to the Roman Destruction of the Temple,* 4th Edition, Washington, DC: Biblical Archeology Society, 2021.

Niemann, Jens & Kerstin. *Beautiful Saudi Arabia,* Riyadh, 2014.

Propp, William. "From Vigilante to Lawgiver", *Bible-Review/19/1/4*, 2003.

Propp, William. "Why Moses could not Enter the Promised Land", *Bible-Review/14/3/19*, 1998.

Richardson, Joel. *Mount Sinai in Arabia*, Winepress Media, 2019.

Sarna, Nahum et al. *The JPS Torah Commentary - Exodus,* Philadelphia: Jewish Publication Society, 1991.

World Nuclear Association. "Country Profile, China", London 2023.

Yeomans, Sarah et al. *Islam in the Ancient World,* Washington, DC: Biblical Archeology Society, 2010.

강훈기.『시내 산은 어디에 있는가? (알-라우즈산의 성서적 의의)』. 보정판, 퍼플, 2014.

권도엽.『협력과 상생의 발자취 – 한국-사우디 협력 50년사』. 국토해양부, 2012.

김병구.『제2의 실크로드를 찾아서』. 지식과감성, 2019.

김병구 외 4인.『아톰 할배들의 원자력 60년 이야기』. 지식과감성, 2019.

김성.『성서고고학 이야기』. 엘맨, 2010.

김성. "시내산의 지리적 위치에 관한 연구." 구약논단 10, 2001.

김승학.『떨기나무 2』. 생명의 말씀사, 2019.

김승혜 등.『유다교 그리스도교 이슬람교의 순례』. 바오로딸, 2004.

김시환.『원자력 기술 자립의 여정, 남기고 싶은 이야기』. 글마당, 2023.

김영선.『탈출기와 거울 보기』. 성서와함께, 2018.

김혜윤.『구약 성경 통권 노트』. 생활성서사, 2006.

김혜윤.『모세오경』. 생활성서사, 2018.

데버, 윌리엄 G.『이스라엘의 기원』. 삼인, 2020.

레플레, 알프레드.『성경과 오늘: 돌과 문서가 말한다면』. 분도출판사, 2008.

엄용식.『출애굽과 알파벳의 기원』. 늘푸른나무, 2016.

영원한도움 성서연구소 편저.『성경지도』. 성서와함께, 2010.

영원한도움 성서연구소 편저.『성서사십주간 오경』. 성서와함께, 2017.

이병령.『한국형원전, 후쿠시마는 없다』. 기파랑, 2019.

정원일.『무하마드와 코란 (그리스도인 필독서)』. 비지아이, 2021.

정태현.『거룩한 독서 1』. 바오로딸, 2002.

정태현.『성서 입문 상권: 성경의 배경과 이스라엘의 역사』. 한님성서연구소, 2000.

정태현.『성서 입문 하권: 성경의 형성 과정과 각 권의 개요』. 한님성서연구소, 2009.

주원준.『구약성경과 신들』. 한님성서연구소, 2018.

주원준, 박태식, 박현도.『신학의 식탁 (세 종교학자가 말하는 유다교 이슬람교 그리스도교)』. 들녘, 2019.